HEYNE<

Herbert Feuerstein

FEUERSTEINs REISEN

*nach
Alaska
Vanuatu
Arabien
Mexiko*

WILHELM HEYNE VERLAG
MÜNCHEN

Alle Fotos von
Godehard Wolpers:
Alaska nach Seite 32;
Vanuatu nach Seite 80;
Arabien nach Seite 128;
Mexiko nach Seite 176.

(Der Titel erschien bereits als
Diana Taschenbuch mit der
ISBN-Nr. 3-453-21074-3.)

07/2002
Copyright © by Herbert Feuerstein
Copyright © dieser Ausgabe 2005
by Wilhelm Heyne Verlag, München,
in der Verlagsgruppe Random House GmbH
Printed in Germany 2005

Umschlagillustration: Godehard Wolpers
Umschlaggestaltung: Hauptmann und Kampa
Werbeagentur, CH-Zug
Druck und Bindung: RMO-Druck, München
Gedruckt auf chlor- und säurefreiem Papier

ISBN 3-453-40149-2

http://www.heyne.de

Inhalt

Einleitung:
Was vorher geschah 7

ALASKA
Mord: Der erste Versuch 13
Der Atem des Lebens 17
Ataseeq pingasut qulaaluat
  arfinek-pingasut arfinillit 27
Bärenland 30
Die Bierlosen 38
Geldwäsche 44
Der Herr der Lüfte 46
Mord: Der zweite Versuch 51

VANUATU
Der Untote 57
Klassenkampf 63
Das große Schwein 68
Der große Unterschied 77
Laplap, Tamtam und das große Geheimnis 87
Blong 96
Das Wunder des Glaubens 99

ARABIEN
Mord: Der fünfte Versuch 113
Das Geisterland 119
Araber, verzweifelt gesucht 125
Eine Frage der Ehre 132

Der Bewacher 138
Schöner herrschen 147
Wenn Kamele Trauer tragen 153

MEXIKO
Menschenopfer 159
Wie Stephan die Passhöhe nahm 169
Müll & More 175
Das Fahrrad auf der Eiger-Nordwand 185
Der Hühner-Matador 189
Frau Friesens Töchter 198
Mord: Die Ausführung 202

Dieses Buch ist allen jenen gewidmet, denen ich gesagt habe, dass sie darin vorkommen. Ich habe nicht gesagt, dass ich sie beim Namen nennen werde.

Das war jetzt die Stelle, an der sie vorgekommen sind.

EINLEITUNG
Was vorher geschah

Im Flugzeug saß ich mal neben einem amerikanischen Ehepaar, freundliche Mittelständler, so um die fünfzig, und durchaus gebildet – was für Amerikaner bedeutet: Sie wissen, dass es auch außerhalb der Vereinigten Staaten menschliches Leben gibt. So beiläufig erwähnte ich, dass ich in Kenia schon mehrmals über den Äquator gelaufen sei. »Oh«, staunten sie, »und wie sieht dieser Äquator aus?«

Es ist ein schmales, weißes Band mit einem Klohäuschen an jedem Längengrad und einer Tankstelle in der Mitte, hätte ich am liebsten gesagt, aber dann wurde mir die Unschuld der Frage bewusst und die Überheblichkeit meiner Besserwisserei. Also sagte ich die Wahrheit: »Er existiert nur in unserer Fantasie.«

Ich bin fünfhundert Jahre zu spät geboren. In der Renaissance konnte man noch alles wägen und messen, und damit begreifen, im wahrsten Sinn des Wortes; jeder Neugierige war ein Wissenschaftler, jeder Wissenschaftler ein Universalist. Heute lese ich im ›Spektrum der Wissenschaft‹ über die Endlichkeit des Alls, für Laien wie mich geschrieben, mit tollen Bildern von hyperbolischen Räumen und dem euklidischen Zwei-Torus, und merke spätestens nach der ersten Seite, dass ich nichts davon verstehe. Vielleicht ist das All nur ein schmales, weißes Band mit einem Klohäuschen an jedem Breitengrad und einer Tankstelle in der Mitte.

Gegen Ende meiner Volksschulzeit kam der unvermeidliche Aufsatz »Was ich einmal werden will«. Meine Mitschüler spürten, was die Lehrerin erwartete, und wollten Erfinder, Helden und Retter der Menschheit werden (wobei unser kürzliches Klassentreffen freilich bewies, dass es nicht klappte: Sie wurden Rentner). Ich habe mein altes Aufsatzheft noch und zitiere daraus mein damaliges Lebensziel: *»Ich will Rechzanwalt werden damit ich viel Geld verdiene und eine schöne Frau heiraten werde.«*

Ich weiß noch genau, dass der Aufsatz dem Direktor vorgelegt wurde, weil meine besorgte Lehrerin darin sexuelle Frühreife und sittliche Verwahrlosung zu erkennen glaubte – wie recht sie doch hatte. Aber der Direktor lachte darüber hinweg, wahrscheinlich aus der gleichen sittlichen Verwahrlosung heraus, und meine Mutter schüttelte nur entsetzt den Kopf, wie über alles, was mich betraf, auch meine Existenz. Dabei war dieser Aufsatz genauso verlogen wie die Wünsche meiner Weltverbesserer-Klassenkollegen. Ich hatte diesen Satz nur geschrieben, weil er mir gefiel, als Satz, nicht als Inhalt, im gleichen Zustand der Unschuld, in dem ich mich auch heute noch befinde. Auch die Reaktion ist bis heute die gleiche geblieben: Ein paar Lacher und viel Ratlosigkeit. In Wahrheit wollte ich damals was ganz anderes werden.

Unsere Lehrerin hatte uns gerade vorgetragen, dass die marmornen Säulen und Körperteile der Antike heute völlig wertlos wären, hätte es nicht die Geschichtsschreiber gegeben, die uns überlieferten, was sich damals abspielte. Zum Beispiel, wie Hannibal auf einem Elefanten in Rom einritt, worauf zur ewigen Erinnerung Säulen und Statuen gebaut wurden, die dann, als der Vesuv ausbrach, alle wieder kaputtgingen. Oder die Evangelisten, so die Lehrerin weiter, ohne die Jesus zwar für uns gestorben wäre, aber völlig umsonst gelebt hätte, weil niemand von ihm wüsste. Da ich mich Jesus damals sehr nahe fühlte und man ja nicht beides werden kann, Jesus UND Evangelist, beschloss ich, Geschichtsschreiber zu werden.

Mit Heft und Bleistift setzte ich mich auf den Balkon unseres Hauses und wartete auf den Lauf der Geschichte, die ich ab jetzt niederschreiben würde, für alle Zeiten danach. Aber es passierte nichts. Einmal kam ein Jeep mit amerikanischen Soldaten vorbei, denn das war die Nachkriegszeit, und ich schrieb es auch auf. Aber danach geschah überhaupt nichts mehr. Nicht mal ein Vulkanausbruch, obwohl Föhnwetter herrschte, ein glasklarer Tag, der die ohnehin schon viel zu nahen Berge Salzburgs noch näher ranrückte, so dass der Untersberg, bei gewöhnlichem Wetter fünf Kilometer entfernt, jetzt direkt vor dem Balkon stand. Aber er brach nicht aus.

Ich wartete, solange ein Neunjähriger eben warten kann. Vielleicht sogar eine ganze Stunde. Danach verlor ich das Interesse an diesem Beruf.

Später wurde mir klar, dass der Wurm in der Herangehensweise lag. Schon Herodot saß ja nicht auf dem Balkon und wartete, sondern reiste nach Afrika und Asien. Und dann erst Alexander von Humboldt, David Livingstone oder Roald Amundsen, sie reisten nicht nur, sie griffen ein, sie untersuchten, sie veränderten, legten Spuren. Natürlich gäbe es auch ohne sie den Amazonas, die Quellen des Nil oder den Südpol, aber das alles wäre doch ein bisschen anders, der Amazonas vielleicht weniger breit, dafür tiefer, das afrikanische Becken weniger tief, dafür breiter, und die Pole sind sowieso dauernd am Wandern, vielleicht irritiert durch Amundsen. Untersuchen heißt nun mal verändern, schon das Wahrnehmen hat den Keim der Veränderung in sich, Aristoteles hat's geahnt, Heisenberg bestätigt. Die Geschichtsschreibung ist kein Öko-Tourismus.

Ich wurde trotzdem kein Geschichtsschreiber. Und auch kein Entdecker. Zwar ging ich als Vierzehnjähriger erstmals allein auf eine große Reise und entdeckte dabei die bisher verschollenen Städte Linz und Regensburg, aber auf Dauer wäre mir das doch zu verantwortungsvoll. Stellen Sie sich vor, ich hätte Villach entdeckt, oder gar St. Moritz – es gibt eben Städte, die gehören vergessen. Stattdessen bin ich, gezwungen von der rastlosen Neugier des Renaissance-Menschen in mir, zu einem Überprüfer geworden, zu einem Nachschauer, gerne auch Nachvollzieher. Auch das ist durchaus im Geiste von Humboldt, Livingstone oder Amundsen, wenn auch nicht ganz so konsequent. Denn bei Regenwetter bleibe ich lieber im Hotel.

ALASKA

MORD:
Der erste Versuch

Bis in unser Jahrhundert hinein war es üblich, dass man auf größeren Reisen Fabelwesen begegnete, Einhörnern, Menschen mit zwei Köpfen oder jodelnden Fischen. Heute ist alles belegt und nachprüfbar, da kann man nicht mehr flunkern. Deshalb ist es die absolute Wahrheit, wenn ich Ihnen sage: In Alaska gibt es Moskitos, die so groß sind wie Hunde.

Na schön, nicht ganz so groß. Aber es gibt ja auch ziemlich kleine Hunde. Auf alle Fälle sind die Stechmücken in Alaska größer als bei uns die Fliegen, mindestens aber gleich groß. Mit enormen Stechrüsseln. Wegen ihrer gewaltigen Verbreitung gelten sie als das »heimliche Wappentier Alaskas«, und es gibt Gegenden, die ohne Gesichtsschutz unpassierbar sind, wenn die riesigen Ungeheuer nachmittags in dicken, ekligen Schwärmen einfallen. Sie bestimmen sogar das Leben der großen Tierherden: Die Karibus, Alaskas Rentiere, würden im Sommer liebend gern noch ein Weilchen im Süden bleiben, wo die Gräser lang und saftig sind, aber Milliarden Blutsauger zwingen sie, nach Norden zu wandern, bis weit über den Polarkreis, immer der Schneeschmelze nach, weil es den Mücken dort zu kalt ist.

Ich lernte die Moskitos am ersten Drehtag kennen, gleich nach meiner Ankunft, als Teil eines Mordkomplotts meines Teams. Es war ein primitives Komplott, von vornherein zum Scheitern verurteilt, aber wir waren ja erst am Anfang der ersten Reise. Spätere Anschläge auf mein Leben sollten weitaus raffinierter und gefährlicher verlaufen, dieser hier war einfach nur plump: Mein Team wollte mich von Moskitos totstechen lassen. Weil die Kerle selber zu feig sind.

Godehard Wolpers, Regisseur und Produzent, Stephan Simon, der Kameramann, und Erik Theisen, der Assistent und Tonmann, waren bereits am Vortag in Anchorage angekommen (warum mir das Team vorausfliegt, erzähle ich später – an dieser Stelle wissen Sie noch zu wenig über unsere Arbeit, da würde mich das nur in ein schlechtes Licht rücken). Sie hatten im so genannten »Earthquake Park« zu drehen begonnen, Landschaftsaufnahmen, wie man sie als Schnittbilder zwischendurch immer zu brauchen glaubt, aber dann doch nie verwendet. Dieser Park ist eine Art Freilichtdenkmal der Erdbebenkatastrophe von 1964, eines Bebens der Stärke 8,4 auf der Richterskala, des schwersten, das in Nordamerika jemals gemessen wurde. Man hat dort nichts verändert, die Verwerfungen sind dramatisch sichtbar, meterhoch flog der Boden damals auf und ab. Es ist eine dicht bewachsene Gegend, sumpfig-feucht, da es gerade ausgiebig geregnet hatte – und mit Mückenschwärmen so dick wie Gewitterwolken. Dort hatten sie also gedreht, am Tag vor meiner Ankunft. Nur ein paar Minuten freilich, dann hatten sie fluchend und kratzend die Flucht ergriffen.

Am nächsten Tag holten sie mich am Flugplatz ab. In heuchlerischer Freundlichkeit standen sie Spalier. Sie sahen glänzend aus – warum, wurde mir erst hinterher klar: Sie hatten sich zentimeterdick mit Mückenschutzcreme eingeschmiert. Und so ganz nebenbei schlugen sie vor: Zwischen Flugplatz und Hotel liegt doch der Earthquake Park, das könne man ausnützen und dort ein bisschen drehen, sicher würde mir ganz spontan was Gutes einfallen, das sei ja meine Stärke, und so weiter, die übliche Schmeichelei des feigen Attentäters, Brutus im O-Ton. In ihren Augen funkelte die Mordlust, aber das wusste ich noch nicht.

Widerwillig – meine Grundhaltung vor jedem Dreh – stimmte ich zu.

Im üblichen Gänsemarsch zogen wir durch das Gelände, Wolpers mit dem Stativ voraus, dann Erik mit dem Rest der Ausrüstung, Stephan mit der Kamera, und als letzter immer ich, in einigem Abstand, damit es nicht so auffällt, dass ich nichts trage. Das Stativ ist ziemlich schwer, aber Wolpers ist zäh und besteht darauf, als Erster zu gehen, denn er ist ja auch der Regisseur und bestimmt den Drehort, der aber von Stephan jedesmal abgelehnt wird, und zwar grundsätzlich. Kameraleute haben nun mal ihre eigene Optik, und Stephan seine ganz besondere dazu. Man kann ihm auch schwer widersprechen, er ist ein erfahrener Reporter, standfest selbst im dichtesten Tumult. Mit dem Sucher am Auge ist er absolut trittsicher, springt über Gräben, geht an Felskanten entlang und betrachtet Verbotsschilder, Stacheldrahtzäune oder Minenfelder geradezu als persönliche Einladung. Wenn ich Stephan aus den Augen verloren habe und den Kamerastandplatz suche, brauche ich nur dorthin zu schauen, wo unmöglich jemand sein kann. Da finde ich ihn: auf einem Baumwipfel über dem Dorfplatz, vor dem Hochaltar zwischen Papst und der Heiligen Jungfrau oder rittlings auf dem Stier, wenn der Torero zum Todesstich ansetzt. Er ist mit der Kamera geradezu verwachsen – und das ist auch sein Problem. Denn er vergisst dabei, dass er Körperteile hat, die über den Kamerarand hinausragen. Und so rammt er mit dem Kopf ständig Felsen oder Dachbalken und beschädigt mit den Schultern Türrahmen. Kameratechnisch ist das kein Problem, denn er ist ein Profi und federt die Stöße geschickt ab, so dass im Bild nur ein minimaler

Ruck zu sehen ist, wenn überhaupt etwas. Aber leider stößt er jedesmal einen Schmerzensschrei aus, und zwar direkt in das Kameramikrofon, mit dem er ja ebenfalls verwachsen ist. Meist »aua«, oft »uh«, manchmal nur Seufzen und Stöhnen oder, wenn er sich länger im Stacheldraht verfangen hat, ein leises, anhaltendes Schluchzen. Der größte Teil der Nachbearbeitungszeit im Tonstudio besteht daher aus der Beseitigung von Stephans Jammerlauten. Da Wolpers aber noch nie einen Einwand dagegen erhoben hat, vermute ich, dass er die Schreie sammelt und an Pornoproduzenten verkauft, als besonders geilen Effekt bei SM-Filmen.

Und dann kamen sie, die Mücken, aber ganz anders, als die Mörderclique erwartet hatte: erstens weit weniger als am Vortag (es war trockener geworden), zweitens lange nicht so bösartig (ich habe einen beruhigenden Einfluss auf Tiere), und drittens stürzten sie sich alle auf Wolpers, trotz Mückencreme, Autanspray und Asbest-Unterwäsche. Das war eine wichtige Erkenntnis: Wolpers wirkt so anziehend auf Mücken wie ich auf Frauen – eine Erkenntnis, die uns auf den späteren Reisen sehr zugute kommen würde, denn mit Wolpers im Gepäck brauchten wir anderen weder Mückenschutz noch Malaria-Prophylaxe. Und ich werde nie die Szene im Regenwald von Hawaii vergessen, als Wolpers von Mücken so dicht überzogen war, dass wir ihn für ein Stück Abfallholz hielten und fürs Lagerfeuer anzünden wollten. Oder mein Experiment am afrikanischen Äquator, als ich testete, was Moskitos attraktiver finden: ein Stück Limburger Käse oder die Füße von Wolpers.*

Der Anschlag war also kläglich gescheitert. Der Dreh wurde abermals abgebrochen und zum zweiten Mal flüch-

* (Lösung: Die Füße von Wolpers.)

tete das Team kratzend und fluchend ins Hotel. Nur ich hatte keinen einzigen Stich abbekommen. Na ja, ein paar vielleicht schon, aber ganz wenige. Und sie juckten nicht.

Also gut, ich habe gelogen. Ich war ebenfalls total zerstochen, und vier Tage lang hat es gejuckt wie Sau. Aber das verschwieg ich natürlich, den Triumph hätte ich den Kerlen niemals gegönnt. Und übrigens, wenn wir schon bei der Wahrheit sind: Die Moskitos von Alaska sind etwas kleiner als Fliegen, aber doch um einiges größer als unsere einheimischen Stechmücken.

Der Atem des Lebens

Die Hauptfrage, der sich jeder Polarkreis-Besucher nach seiner Rückkehr stellen muss, lautet: »Stimmt es, dass die Eskimos beim Küssen die Nasen aneinanderreiben?« Ungebildete stellen diese Frage schon am Flughafen, Gebildete nach dem zweiten Drink, Akademikerinnen später im Bett.

Nein, es stimmt nicht. Aus zwei Gründen: Weil das Thermometer hier recht häufig auf minus dreißig Grad oder weniger sinkt, würden Nasenreibende beim geringsten Schnupfen sofort aneinander festfrieren und qualvoll sterben. Außerdem gibt es gar keine Eskimos, die heißen nämlich Inuit. »Eskimo« ist ein Schimpfwort, bedeutet so viel wie »Rohfischfresser« und löst beim Angesprochenen die gleichen Gefühle aus, wie wenn man zu einem Schwarzen »Nigger« sagt oder (als Schwarzer) zu einem Weißen »Kurzpimmel« . . . wobei es mich immer wieder fasziniert, wie leicht man doch ethnische Diskriminierungen durch simple Umbenennungen aus der Welt schaffen konnte: Es gibt keine Eskimos mehr, es gibt keine Zigeuner mehr, und deshalb kann man ihnen auch nicht schaden, egal wie man mit ihnen umgeht. Ob man auch den Juden einen anderen Namen geben sollte, um den Antisemitismus abzuschaffen?

Die Menschen dort heißen also Inuit. Und den Inuit ist die Sitte des Nasenreibens unbekannt, so einfach ist das. Aber ganz so einfach ist das auch wieder nicht, denn dahinter steckt ein wahrer Kern, wie so oft bei missverstandenen »Sitten und Bräuchen der Naturvölker«. Der allererste Forscher, der zu einer bisher unbekannten Gruppe vordrang, brauchte ja nur kurzsichtig gewesen zu sein oder müde, oder er interpretierte sein persönliches Sex-Problem mit hinein – und schon schuf er mit seinem Fehlurteil eine Legende für alle Ewigkeit. Unter dem Gesichtspunkt der Ethnologen könnte man auch unseren Fußball mühelos als Fruchtbarkeitsritus deuten, oder Naseputzen als magischen Akt der Teufelsaustreibung.

Das angebliche Nasenreiben der Inuit ist höchstwahrscheinlich eine Missdeutung ihrer ganz bestimmten Art rituellen Singens, »Katajjak«, des Kehlkopfgesangs: Zwei Männer stehen sich so nah gegenüber, dass sich fast ihre Lippen berühren; in rascher Folge keuchen sie die eigene Luft aus und atmen die des anderen ein. Durch Hyperventilation und Übersättigung durch Kohlendioxid geraten sie allmählich in einen tranceähnlichen Zustand, vielleicht auch durch Mundgeruch. Dabei stoßen sie kehlige Laute aus, die wie die Geräuschkulisse zu Thomas Manns *Zauberberg* klingen, aber von höflichen Ethnologen als Musik betrachtet werden. Was also auf den flüchtigen Betrachter wie das Nasenreiben zweier grunzender Schwuchteln wirkt, ist in Wahrheit kulturelles Erbe. Nur Jodeln ist grässlicher.

Gewöhnlich geht einem Reisefilm ein umfangreiches Recherche-Papier voraus, so an die fünfzig Seiten mit Reiseroute, Logistik und Hintergrundinformationen, eine Arbeit von gut sechs Wochen. Für Alaska war Doris Maaßen zuständig, in enger Zusammenarbeit mit Produzent Wolpers und der Aufnahmeleitung vor Ort, denn es wäre sinnlos, einen Aufnahmeleiter aus Deutschland mitzuschleppen, der würde noch mehr Schaden anrichten als der Produzent; dazu braucht man unbedingt einen versierten Ortskundigen, allein schon wegen des Behörden-, Hotel- und Flugbuchungskrams.

An diesem Recherchen-Stadium bin ich grundsätzlich nicht beteiligt, aus mehreren Gründen: Erstens soll das Ziel ja nicht das Abfilmen einer touristischen Expedition sein, sondern das Spiegelbild meiner Art des Reisens: neugierig und spontan, mit möglichst vielen Begegnungen, aber keine Lehrstunde in Geografie und Geschichte, so wie dies auch für meine privaten Reisen gilt; ich trete sie immer unvorbereitet an, Reiseführer lese ich erst vor Ort oder hinterher. Zweitens ist es sinnvoll, die Route von so wenigen Leuten wie möglich gestalten zu lassen – es ist schwierig genug, ein Land in vierzehn Tagen, dem Maximum unseres Budgets, auch nur einigermaßen in den Griff zu kriegen, jeder Zusatzwunsch, jede Zusatzmeinung ist auch eine Zusatzkomplikation. Drittens, der Hauptgrund: Wenn ich an der Vorbereitung mitgearbeitet hätte, könnte ich unterwegs dann nicht mehrmals am Tag jammern, dass die Recherche wieder mal Scheiße sei, mit absolut nichts drin, was man gebrauchen könne.

Bei Alaska war dies ein bisschen anders, da hatten wir zusätzlich zu den üblichen Vorbereitungen einen Experten engagiert, einen Inuit-Forscher, denn es war ja unsere erste Reise, und wir hatten keine Ahnung, wie man so was angehen muss. Da hielt es der Produzent für nützlich und wichtig, uns vor der Begegnung mit einer so fremdartigen, hochkomplexen Kultur von einem Fachmann beraten zu lassen. Als Beispiel nannte er ganz aufgeregt zwei Bräuche, von denen sogar er schon mal gehört hatte: das Nasereiben und die Sitte des Frauenverleihs durch den Inuit-Hausherrn. Vor allem von der letzteren erhoffte sich Wolpers natürlich auch persönliche Erfahrungen.

Die Begegnung mit dem Experten fand in meiner Wohnung statt. Wir näherten uns voller Misstrauen – und trennten uns auch so. Kein Wunder. Denn auf welcher Ebene sollte ich Ahnungsloser mich mit einem Wissenschaftler messen, der sich seine Erkenntnisse vor Ort buchstäblich zusammengefroren hatte, im steten Ringen mit den Geheimnissen hochkomplizierter Sprachen und den Mysterien unergründlicher Riten? Einem Mann, der alle denkbaren Entbehrungen auf sich genommen hatte, um die Straße des Wissens wenigstens einen einzigen Schritt weiter voranzugehen – mit der bitteren Einsicht womöglich, beim letzten Kreuzweg die falsche Richtung eingeschlagen zu haben?

Das Bild, dass er von meinem Team und mir hatte, war mir völlig klar: eine Horde von Halbaffen, die mit dem Hubschrauber in bisher keusche, unberührte Landschaften einschwirren, Scheinwerfer aufstellen und einem alten, zahnlosen Inuit einen Hering hinhalten würden mit dem Befehl: »Du rohen Fisch essen!« Ach ja, wie oft musste ich Wolpers an solchen Szenen hindern ... um dann selber den Fisch hinzuhalten, freilich mit einer viel höflicheren Formulierung. (»Würden Sie bitte den Zuschauern zu Hause auf dem Bildschirm ein Beispiel für die traditionelle Inuit-Esskultur liefern?«)

Ich wiederum hatte Angst, er würde uns im Rausch des Wissens einen dieser stundenlangen Tänze vorführen, die das Leben der Inuit erzählen – und ich hasse es, wenn in meiner Wohnung getanzt wird. Oder gar einen Schamanentanz, der in der Geisterkultur der Inuit eine wichtige soziale Funktion einnimmt: Mit Spottgesängen und -tänzen wurden Konflikte gelöst, Übeltäter durch solche Tänze gedemütigt – ein Ritus also, den ich durchaus zu fürchten hatte. Aber zum Glück hatte er die Kulttrommel nicht dabei, dieses unerlässliche Schamanengerät mit einer Walrossblase als Trommelfell, das zwischendurch ständig befeuchtet werden muss, das haben Blasen so an sich. Außerdem war ja Doris anwesend, und im Beisein von Frauen finden fast nirgendwo Männer-Kulttänze statt, schon gar nicht in meiner Wohnung.

Doris kicherte jedesmal, wenn sie mich ansah, wie eine Inuit-Geschworene bei der Verkündung des Spott-Urteils, und ich hatte wirklich Angst. Denn noch mehr als vor Kulttänzen fürchtete ich mich davor, er würde mich zu einer Runde Katajjak auffordern, dem grunzenden Kehlkopfgesang vermittels Austausch von Mundgeruch. Aber dazu kam es auch nicht. Ich vermute, dass er mich zu sehr hasste. Zum Glück. Ich habe trotzdem eine Menge gelernt. Zum Beispiel, dass die Inuit niemals in Iglus lebten; diese Eisblock-Höhlen waren reine Vorratskammern. Und dass sie bei der Robbenjagd selber zu Robben werden: Auf den Knien rutschen sie langsam an Tiere ran, die sich gerade auf einer Eisscholle ausruhen, und kratzen dabei ständig mit aufmontierten Seehundkrallen am Eis; dadurch entsteht das typische Geräusch, als arbeite eine Robbe an einem Eisloch

– das anvisierte Tier denkt daher, ein Artgenosse nähere sich, und gewöhnlich ist es dann sein letzter Gedanke.

Ich habe ferner gelernt, dass den Inuit das Töten von Tieren keineswegs als unfreundlicher Akt erscheint. Nach ihrer Überlieferung lassen sich nämlich Fisch und Bär freiwillig fangen und sind stolz, dem Menschen als Nahrung und Gerätschaft zu dienen – wir essen ja auch lieber »glückliche Hühner«, und in den Schaufenstern unserer Metzger lachen Schweine mit Messern im Rücken. Hatten die Inuit einen Eisbären erlegt, hießen sie ihn zu Hause als Gast willkommen, empfingen ihn mit einer Festrede und setzten ihn einen Tag lang auf einen Ehrenplatz in die gute Stube. Erst dann wurde er verspeist. Und wenn sie Wale in der Gegend vermuteten, hatten die Inuit eine ganz besondere Art, sie auszuspähen: Da es auf den zugefrorenen Buchten keine Erhöhung gab, um Ausschau aufs offene Meer zu halten, wurde ein Kundschafter mit einer Art Sprungtuch in die Höhe geworfen. Zwanzig bis dreißig Mann spannten das Tuch, und wie auf einem Trampolin gewann der Späher bei jedem Sprung mehr Höhe. Lebenswichtig war nun, dass er erst »Wale!« schrie, wenn er wieder unten auf der Decke gelandet war; tat er es bereits oben in der Luft, konnte es leicht passieren, dass die Fängermannschaft voller Jagdeifer zu den Booten rannte und den vergessenen Springer ins Eis krachen ließ.

Während ich lernte, hatte Wolpers mehrmals das Gespräch auf das Thema »Frauenverleih« lenken wollen, aber der Wissenschaftler ging nicht darauf ein. Zu Recht, denn in unserer übersexualisierten Gesellschaft wird dieser Brauch gründlich missverstanden. Tatsächlich war es in vielen Inuit-Kulturen Tradition, dass der Hausherr seinem Gast die Ehefrau oder Tochter ins Nachtlager mitgab. Aber das hatte keine erotischen, sondern erbbiologische Gründe, denn bei den winzigen, weit voneinander entfernten Dorfgemeinschaften war die Inzuchtgefahr enorm, da war es wichtig, jede Gelegenheit zur genetischen Auffrischung wahrzunehmen. Der »Frauenverleih« der Inuit hatte also nichts mit Geilheit zu tun, er war weder Partnertausch noch die Keimzelle der Swinger Clubs, sondern schlichte Dankbarkeit für erwiesene Gastfreundschaft: Bei uns bringt man der Hausfrau einen Strauß Blumen mit, dort ließ man ihr seine Gene da. Aber das ist Vergangenheit. Wolpers musste seine Gene alle wieder mitnehmen.

In diesem Zusammenhang gleich noch ein klärendes Wort zum »Katajjak«. Auch bei diesem so seltsam anmutenden Männergesang hatte die Einsamkeit der Eiswüste Pate gestanden. Denn im Unterschied zu unserer gewohnten drangvollen Enge, wo man beim Anblick von Fremden instinktiv zur Gaspistole greift, gilt in der Leere des hohen Nordens JEDE Begegnung als eine glückliche. Bei einer Besiedlungsdichte von einem halben Menschen pro Quadratkilometer freut man sich ganz einfach, auf seinem tausend mal tausend Meter großen Revier eine zweite Hälfte begrüßen zu können, damit – statistisch gesehen – endlich einmal ein GANZER Mensch anwesend ist, und sei es nur vorübergehend. In der Tradition der Inuit war der Fremde nie eine Bedrohung, sondern immer ein Freund, vielleicht sogar Lebensretter. Da kam man sich gerne auch körperlich nah und tauschte das Wichtigste, was es gab: den Atem des Lebens. Deshalb meine Abbitte: Was ich vorhin über den Mundgeruch sagte, war nichts als mein ewiger Zwang, Kalauer zu produzieren. Es war auf keinen Fall wertend gemeint – schon gar nicht von einem wie mir, der schon zum Frühstück liebend gern in Knoblauchöl eingelegten Schafskäse nascht.

Von dem Wissenschaftler lernten wir auch, dass Alaska, der größte Flächenstaat der Vereinigten Staaten mit insgesamt aber deutlich weniger als einer Million Einwohner, ursprünglich keineswegs allein den Inuit gehörte, sondern zu mehr als der Hälfte Indianerland war: Im zentralen Bergland leben noch heute die nomadischen Athabasker und an der südwestlichen Küste, entlang des Pfannenstiels, die Tlingit und Haida. Dazu noch die Reste der Aleuten-Kultur mit ihren geheimnisvollen Masken, von denen niemand mehr weiß, wozu sie dienten. Weniger als dreitausend Aleuten leben heute noch auf den Inseln, die Amerika mit Asien verbinden. Sie waren es übrigens, die Alaska den Namen gaben: »Alyeska«, das große Land.

Das alles erfuhren wir vom Experten und dazu auch noch, wie man diesen Menschen begegnet, wie man Geschenke tauscht, ohne den Stolz zu verletzen, und welche Tabus man beachten muss. Wir waren durchdrungen vom Geist der Forschung und beseelt von der Lust, all diese Theorie in Erfahrungen umzusetzen – aber als wir dann in Alaska angekommen waren, merkten wir schnell: Das war der falsche Weg. Unser Lerneifer war umsonst, wir konnten den Expertenrat niemals anwenden, wir hätten ihn gar nicht erst gebraucht.

Unser Ziel war ja nicht eine geografische Expedition, sondern eine informative Unterhaltungssendung mit möglichst vielen Geschichten und Begegnungen, ganz einfach das Spiegelbild meiner Art des Reisens und kein bisschen mehr. Der Versuch, zu belehren oder gar zu dozieren – bei mir in der Tat ein ganz massiv vorhandenes Bedürfnis – wäre lächerlich und zum Scheitern verurteilt. Ein gutes Beispiel dafür war unser Dreh bei einer archäologischen Grabungsstätte auf der Insel Kodiak.

Junge, gescheite Studenten hatten gerade ein Stück Holz gefunden, im Moorboden konserviert, das als Nachweis für uralte Handelsverbindungen mit Sibirien dienen könnte, und ich redete mich vor der Kamera in Rage, als hätte ich gerade Troja ausgegraben ... kann ja sein, dass der Fund für diese Gegend von gleicher Bedeutung war. Als Renaissance-Mensch, als Universalist hätte ich vor ein paar hundert Jahren damit bestens bestehen können, oder als Heinrich Schliemann, der ja auch kein Wissenschaftler war, sondern Kaufmann, bestenfalls Privatgelehrter. Als Privatgelehrter und Fernsehblödler der heutigen Zeit aber kann man mit so einem Stück Holz höchstens dann Aufmerksamkeit erwarten, wenn man es sich in den Arsch schiebt. Das aber hatte ich an Ort und Stelle versäumt – sehr zum Leidwesen von Wolpers –, und so kam es, dass diese Szenen im Schnittmüll endeten. Schlimmer noch: Monate später gestand mir Wolpers, dass ihm schon am Drehort die Unbrauchbarkeit der Geschichte klar geworden war, weshalb er Stephan angewiesen hatte, zwar die Kamera hinzuhalten, aber nicht wirklich zu drehen – aus Höflichkeit gegenüber den Archäologen bei gleichzeitiger Materialersparnis. Tja, so ist es, das Produzentenpack.

Dazu kommt natürlich, dass man in vierzehn Tagen niemals in die Ecken und Winkel fremder Kulturen eindringen kann, da hatte unser Experte schon recht, wenn er uns voller Misstrauen betrachtete. Und wahrscheinlich hatten auch die Leute von der NANA recht, der Northern Alaska Native Association, die für die kulturellen und touristischen Kontakte der Ureinwohner zuständig sind und die uns regelrecht auflaufen ließen, weniger aus Misstrauen, wie ich vermute, als aus Desinteresse und Schlamperei. Per Fax hatten sie noch große Aktionen angekündigt, und ich zitiere Doris, die stolz im Recherchenpapier geschrieben hatte: »*In der Regel sind die Inuit Fremden gegenüber nicht allzu aufgeschlossen. Daher ist das Programm, das von NANA für uns zusammengestellt wurde, recht beachtlich: Blanket Tossing (das Hochwerfen der Späher), rituelle Tänze, Jagen und Sammeln in der Tundra, Errichten eines Lagers im Eis, Gespräche mit Älteren über deren Probleme mit der modernen Gesellschaft . . .*« Ja, von wegen, liebe Doris. Vor Ort war dann nicht nur keiner mehr zuständig, wir hatten sogar Schwierigkeiten, überhaupt einen Inuit zu finden, der bereit war, vor der Kamera zu reden – und jeder Satz kostete zwanzig Dollar.

Der Sheriff meinte, das läge wohl daran, dass die Leute andere Dinge im Kopf hätten, weil gerade das Schnapsschiff draußen in der Bucht geankert hatte – bei den Inuit gibt es ebenso wie in den meisten Indianerreservaten Amerikas strenge Beschränkungen beim Alkoholverkauf, mit entsprechend großer Verbreitung von Schwarzhandel und Schmuggel. Ich aber meine, dass es einfach das gute Recht der Menschen ist, sich zu verweigern, vor allem Leuten wie uns, Überflieger im wahrsten Sinn des Wortes. Denn was wir per Flugzeug oder Auto erreichen konnten, war nicht Inuit-Land, sondern Amerika, der 49. amerikanische Bundesstaat Alaska. Die Inuit und Indianer, die wir trafen, waren Amerikaner, von den wenigen Museumsfiguren abgesehen, die für den Tourismus eine Pseudokultur vorgaukeln, ähnlich wie unsere Schuhplattler. Mit den Museumsfiguren konnten wir nichts anfangen, die anderen konnten mit uns nichts anfangen. Sie wollten es gar nicht. Und die wenigen, die Inuit und Indianer geblieben sind, leben dort, wo unsereins nicht hin kommt. Und auch gar nicht hin kommen soll.

Trotzdem: Diese erste Reise nach Alaska war eine aufregende, wunderbare Erfahrung, und den Film, der daraus entstand, halte ich für einen unserer besten, auch wenn sich die Inuit verweigert hatten. Eine richtige Begegnung mit ihnen fand aber dann doch statt: zwei Jahre später, in Grönland. Diese Reise machte ich im Auftrag eines wissenschaftlichen Magazin namens ›Playboy‹. Und meinen Beitrag, das »Grönland-ABC«, können Sie auch heute noch in vielen Spinden von Bundeswehrsoldaten finden, auf der Rückseite der aufgeklebten Pin-up-Girls.

Ataseeq pingasut qulaaluat arfinek-pingasut arfinillit

Das ist meine Fax-Nummer in der Inuit-Sprache, für den Fall, dass mir jemand was sagen möchte, was Nettes, hoffentlich. Eigentlich sind das grönländische Ziffern, aber ich gehe davon aus, dass wenigstens die Zahlwörter in allen Inuit-Dialekten gleich sind – wie hätten die Leute zwischen Sibirien und Grönland sonst miteinander handeln können? Und dazu noch die Ortsvorwahl: *Null* (ich hatte leider vergessen, mir das Wort für »Null« aufzuschreiben, und weiß nicht mal, ob es diese Nicht-Zahl bei den Inuit überhaupt gibt) *marluk marluk pingasut marluk*, leicht zu merken. Aus dem Ausland käme noch mal die Ländervorwahl *null null sisamat qulaaluat* dazu.

In Kotzebue, diesem Müllhaufen von Ortschaft direkt am Polarkreis, hatte ich die Seilers besucht, ein freundliches, älteres Ehepaar aus dem Schwabenland, das dort seit 25 Jahren lebt. Beruf: Missionare. Aufgabe: Übersetzung der Bibel in die Inuit-Sprache. Sie wohnen, wie ihre Nachbarn auch, in einem gut isolierten Blockhaus, natürlich ohne Keller (so was gibt's in der Permafrost-Zone nicht, da stehen alle Häuser auf Stelzen, damit sie nicht durch ihre Wärme den eisigen Untergrund auftauen lassen und nach und nach darin versinken – bis zu 600 Meter dick ist der Eispanzer). Dafür haben sie ein Klavier, und hin und wieder gibt's selbstgemachte Spätzle, an denen Frau Seiler nur vermisst, dass sie mit Rentierfleisch lang nicht so gut schmecken wie mit Schmorbraten. Spezielle Neonleuchten mit »Sonnenlichtwirkung« helfen, den Polarwinter, wenn es ab der zweiten Dezemberwoche einen Monat lang überhaupt nicht mehr hell wird, einigermaßen unangefochten zu überstehen. Zusätzlich hilft dabei gewiss auch der Job, der Anfechtungen sowieso ausschließt. Dicke Manuskriptstapel künden vom Fortgang der Arbeit, aber ein Ende ist bei weitem nicht abzusehen. Die Bibel ist eben ein Lebenswerk, weiß man ja schon seit Tausenden von Jahren. Was sind da fünfundzwanzig?

Mein altes Lexikon, das von politischer Korrektheit noch keine Ahnung hat, spricht ungeniert von den »Eskimo-Sprachen« und ordnet sie der polysynthetischen Gruppe zu. Ein Polysyndeton, das wissen wir älteren Romantiker aus der Zeit, als wir den Mädels statt E-Mails noch Gedichte schickten, ist die Aneinanderreihung von Begriffen mit Hilfe von Bindewörtern *(»Und es wallet und siedet und brauset und zischt«)*. »Polysynthetisch« ist im Prinzip dasselbe, aber ohne Bindewörter und auf die gesamte Sprache bezogen: Alle bedeutungstragenden Teile einer Botschaft werden vereinigt, so dass schließlich ein einziges, riesiges, zusammengesetztes Wort entsteht, das oft den Inhalt eines kompletten Satzes trägt. »Ich habe Halsweh und gehe heute nicht ins Büro« würde inuitgerecht lauten: »Halsschmerzbüroabwesenheitsgrund«... oder so ähnlich. Polysynthetische Sprachen, zu denen übrigens auch die meisten Indianersprachen gehören, sind demnach das genaue Gegenteil der »isolierenden« Sprachen wie zum Beispiel das klassische Chinesisch mit seiner Aneinanderreihung unveränderbarer einsilbiger Wörter. (Und weil ich gerade beim Dozieren bin – vorhin hatte ich Sie ja schon vor diesem inneren Zwang gewarnt –: Deutsch wie überhaupt alle indogermanischen und semitischen Sprachen gehören zur »flektierenden« Familie. Danke, setzen.)

In den Inuit-Zeitungen findet man wahre Wortmonster, selten reicht eine einzige Zeile für ein Wort aus. Wer mit der SAS ins grönländische Kangerlussuaq fliegt, kann dies schon auf der Speisekarte nachprüfen (aber nur in der Business Class, bitteschön): Wir Flektierenden kriegen Pork Roast, Schweinebraten, angeboten, für die Polysynthetiker heißt das Puulukliptartunaatamarmiutillugusiataq. Wahrscheinlich steckt in diesem Wort nicht nur der Braten und das Schwein, sondern auch das Rezept für die Zubereitung und die Geschichte der Schweinezucht. Kein Wunder, dass ich in ganz Alaska kein einziges Inuit-Restaurant fand – welcher Ober möchte so eine Bestellung aufschreiben? (Stattdessen fand ich – so klein ist wieder mal die Welt – ausgerechnet hier in Kotzebue mit seinen dreitausend Einwohnern einen China-Imbiss, dessen Serviererin mal eine ganze Nacht lang im Schlosspark von Brühl eingeschlossen war, also nicht mal fünf Minuten von meiner Wohnung entfernt, weil sie nicht ahnte, dass so ein Park in Deutschland nachts abgesperrt wird. In Alaska bleibt die Tundra nämlich Tag und Nacht geöffnet.)

Ein Inuit-Lehnwort haben wir auch im Deutschen: Kajak. Original schreibt man es Qaajaq, das Schluss-q ist ein

Klicklaut, nicht so knallig wie bei den Hottentotten, mehr kehlig. Viele Wörter enden damit. Auch die Seiler-Bibel?

»Im Anfang war das Wort«, beginnt das Johannes-Evangelium. Ich kann mir durchaus vorstellen, dass dieses gleiche Wort am Schluss immer noch da ist, nur ein bisschen länger geworden, mit dem gesamten Evangeliumstext als Inhalt. Kein Wunder, dass die Seilers schon fünfundzwanzig Jahre daran arbeiten, denn es kommen ja noch die drei anderen Evangelien dazu und das gesamte Alte Testament, bis das endgültige Wort auch wirklich komplett beisammen ist. Aber ich bin sicher, sie schaffen es, mit oder ohne Klicklaut am Ende. Hoffentlich kommen sie dann nicht auf die Idee, es mir zu faxen.

Bärenland

Ich bin mit der Wollust der Disziplin gesegnet: Ich bin beharrlich und ausdauernd, scheue nicht Schwierigkeiten auf dem Weg zum Ziel, sondern schätze sie sogar, als besonderen Ansporn. Willig steige ich tausend Pyramidenstufen hoch, hocke auf Gletscherfelsen und krieche den ganzen Tag durch glühend-heißen Wüstensand. ABER: Nachts will ich in einem ordentlichen Hotel schlafen. In einem Fünf-Sterne-Hotel. Schon bei vier Sternen kriege ich schreckliche Albträume, ich wäre verarmt und müsse als meine Putzfrau arbeiten. Oder für Wolpers das Stativ tragen.

Nun gibt's so ein Hotel natürlich nicht überall, schon gar

nicht an extremen Drehorten, die die Art unserer Filme manchmal erfordern. Da muss man, in Alaska zum Beispiel, schon mal einen Albtraum riskieren und im Gästehaus einer Ölgesellschaft absteigen, wo die Fenster mit schwarzer Pappe abgeklebt sind, zur Abwehr der Mitternachtssonne. Absolut kompromisslos bin ich hingegen beim Thema Zelt.

Zelte sind mir ein Gräuel, wie alles, was mit Camping zusammenhängt, bis hin zum Lagerfeuer einschließlich Gitarre. Die Bedingung, die ich Produzent Wolpers bei der Vorbereitung stellte, lautete daher: Keine Zeltübernachtung. Auf keiner Reise. Zu keinem Zeitpunkt. Das versprach er mir fest.

Es gibt nur eins, was ich als noch unerträglicher empfinde als eine Nacht im Zelt: Eine Unterkunft, die ich mit anderen Männern teilen müsste. Schon in der Schulzeit drückte ich mich, wo immer es ging, vor Klassenfahrten, die in Schlafsälen mündeten. Schwitzende, röchelnde, furzende Leiber sind Höllenszenen und gehören auf Breughel-Gemälde, aber nicht in mein Schlafzimmer. Und der Hauptgrund, warum mein Leben weitgehend gesetzestreu verläuft, trotz des ständigen Brodelns enormer krimineller Energie, liegt in der Angst, meine Gefängniszelle mit anderen teilen zu müssen. Ich würde daher vor einer drohenden Verhaftung noch schnell mehrere Morde begehen, um auch wirklich ganz sicher zu sein, dass ich in eine Einzelzelle komme. Deshalb meine zweite und letzte Bedingung: Keine Mannschaftsunterkünfte. Auf keiner Reise. Zu keinem Zeitpunkt. Auch das versprach er mir fest. Das beruhigte mich, denn ich kenne Wolpers sehr lange und weiß: WENN er was ist, dann ist er verlässlich.

Vor dem Abflug zum Bären-Reservat auf der Insel Kodiak fragte mich Wolpers, wo ich denn übernachten wolle.

Ich könne wählen: Zelt oder Vierbettzimmer, Letzteres zusammen mit dem Team. In diesem Augenblick wusste ich, was Todeskandidaten fühlen, wenn sie die Wahl haben zwischen Gaskammer und elektrischem Stuhl, und seither bin ich noch mehr gegen die Todesstrafe. Außer für Wolpers.

Ich wählte das Zelt. In den schlimmsten Stunden des Lebens war es immer die Einsamkeit, die mich am besten tröstete. Auch Schmerzen und Krankheiten sind allein für mich erträglicher, ebenso der Tod, der ja ohnehin einer Nacht im Zelt vorzuziehen ist. Dabei weiß ich nicht mal genau, warum ich Zelte so sehr hasse. Wahrscheinlich, weil sie mich an Sport erinnern, den ich in keiner Form leiden mag. Und ganz sicher, weil sie so eng und stickig sind. Oder so kalt und so feucht, irgendwas klebt immer an der Haut. Auf alle Fälle hart und unbequem, voll Sand und klebriger Cola-Reste. Und Käfern. Durch nichts, durch absolut nichts können sie ein Bett ersetzen. Und die Leute, die von der knisternden Romantik schwärmen, von der köstlichen, durch nichts zu ersetzenden, erotischen Zweisamkeit in einem Zelt, kann ich nur fragen: Was zum Teufel ist schlecht an Sex in einem riesigen Bett?

Wenigstens musste ich das Zelt nicht selber bauen. Das machte der Ranger, der die Blockhütte am Bärensee betreute. Er konnte meine Weigerung, den Schlafsaal zu benutzen, überhaupt nicht verstehen, und ich vermute, dass er es war, der die Ameisen in mein Zelt gelockt hatte. Aus Strafe oder Verachtung. Wahrscheinlich aus beidem.

Wir waren mit dem Wasserflugzeug zum See der Bären geflogen, einer unberührten Landschaft in den Bergen, straßenlos, menschenleer, nur diese Blockhütte, streng behütet von dem einsamen Ranger, denn mehr als fünf Gäste gleichzeitig waren hier nicht zugelassen. Das klingt fast ver-

In Alaska ist es sehr kalt, vor allem, wenn im Hubschrauber die Tür ausgebaut ist. Bitte beachten Sie meine Freude darüber.

Mein Team hat mich auf einer Eisscholle ausgesetzt. Aber zum Glück bewe
Menschen sein.

ch der Gletscher. In wenigen hundert Jahren werde ich wieder unter

Ich lache deshalb, weil viele von Ihnen glauben, der Berg hinter mir sei der Mt. McKinley, der höchste Gipfel Alaskas. Der liegt aber viel weiter rechts, außerhalb des Bildes.

Wer je mit einem Wasserflugzeug geflogen ist, weiß, dass es üblich ist, vor dem Start von der Kufe aus zu pinkeln. Ich bin aber schon fertig.

Hier fotografiere ich ein Bärenkind. Die mehrere Tonnen schwere Mutter steht wahrscheinlich hinter mir, aber ich weiß es noch nicht.

Huskies, die Schlittenhunde Alaskas, sind liebenswert, aber dumm. Also das genaue Gegenteil von mir.

Auch im Sommer kann man Schlitten fahren: Da kommen Räder an die Kufen. Wieso man mich deshalb anbrüllen muss, weiß ich nicht.

Echter Robbenpelz ist der beste Kälteschutz. Leider stinkt er nach Robbe.

In vielen Flüssen Alaskas kann man nicht nur Gold waschen (die drei Männer links), sondern auch Geschirr spülen (der Mann rechts).

Teambesprechung am Abend: Stephan, Erik, Wolpers und ich überlegen, was wir besser machen können. Wir finden aber nichts.

schwenderisch, ein solches Paradies mit den größten Bären der Welt fast für sich allein, aber erstens gibt es Bären auch noch anderswo auf dieser größten Insel Alaskas, zweitens ist das Wasserflugzeug tatsächlich das einzige und nicht gerade billige Transportmittel hierher, sofern man nicht zehn Tage wandern will, und drittens ist das alles ja statistisch begründet: Bei einer Bevölkerungsdichte von einem halben Menschen pro Quadratkilometer haben acht Leute – unser Team, der Ranger, der Pilot und die Aufnahmeleiterin aus Anchorage – Anspruch auf sechzehn Quadratkilometer. Fünfzehn, wenn wir exakt sein wollen, denn Frauen sind in der Wildnis nur die Hälfte wert, das wissen wir aus den alten Western, die noch die Wahrheit sagten. Ist auch egal, fünfzehn oder sechzehn, von den uns zustehenden Quadratkilometern benutzten wir ohnehin nur zwei oder drei.

Faszinierender als die Großzügigkeit des Raumes war für mich auch hier wieder der ständig erlebte amerikanische Widerspruch: Auf der einen Seite das Land mit der größten Verschwendung und dem meisten Müll in der ganzen Welt, auf der anderen ein Naturschutzprinzip von fast penetranter ökologischer Perfektion. Unser Ranger vom Typ Lederstrumpf war der ewig misstrauische Wächter im Paradies. Da für ihn Menschen eindeutig nicht zu den Naturgeschöpfen zählen, behandelte er uns wie Besucher in der Intensivstation: Nichts anfassen, keine Spuren hinterlassen, möglichst nicht ausatmen. Wahrscheinlich hätte er am liebsten hinter jedem unserer Schritte die Grashalme wieder glattgebügelt. Und als er dahinterkam, dass wir einem halbzahmen Fuchs, der immer um die Hütte schlich, ein paar Fischbrocken hinlegten, um ihn vor die Kamera zu kriegen (was auch gelang und im Film ganz süß aussieht), drehte er fast durch vor Ärger und redete bis zum Abflug nicht mehr mit uns, was uns aber nicht auffiel, da er auch vorher nicht mit uns geredet hatte (wir erfuhren es vom Piloten). Zum Glück hatte er da schon mein Zelt aufgebaut, sonst hätte er neben den Ameisen womöglich auch noch Stinktiere oder Wolpers reingelockt.

Mit einer lichten Höhe von drei Metern sind die Kodiak-Bären die größten der Welt, und wenn kein Zoogitter vorhanden ist, wirken sie gleich noch mal so groß. Wir haben natürlich beim Drehen ein wenig geschummelt: Ganz so nah, wie es im Film aussieht, standen sie dann doch nicht neben mir, aber beklemmend war es schon, vor allem der Weg zum Seeufer, wo sie im seichten Wasser mit ihren Jungen spielten, durch dichtes Buschwerk auf eine Anhöhe, um der Kamera Überblick zu verschaffen.

»Aufrecht gehen und viel Lärm machen«, steht in der Broschüre über den Umgang mit Bären, denn Amerika ist das Wunderland der Produkthaftung, und nur durch ausführlichste Information kann sich die Parkbehörde dagegen schützen, von Besuchern auf eine Milliarde Dollar Schadenersatz verklagt zu werden, weil ein Bär bös geguckt hat und dadurch seelischen Dauerschaden verursachte. Der Grund für den Lärm: Die Bären hören einen dann schon von weitem und machen sich aus dem Staub. Wenn sie aber ahnungslos im hohen Gras liegen und man ohne Warnung über sie stolpert, werden sie sauer. Erfahrene Hiker nähen sich deshalb spezielle »Bärenglöckchen« aus dem Survival Shop ans Hemd und beglücken die Landschaft mit der Geräuschkulisse einer Schweizer Kuhherde. Wir machten auf unsere Art Lärm: Ich stritt mit Wolpers.

Im Film sieht meine Begegnung mit den Bären ziemlich gefährlich aus. In Wirklichkeit war sie noch viel gefährlicher. Denn was man auf dem Bildschirm nicht sieht: Neben der Kamera stand Ranger Lederstrumpf mit der geladenen Flinte in der Hand, jederzeit bereit für den Fall, dass ein Bär doch mal angreift. In diesem Fall würde der Ranger schießen – und zwar auf mich. Dann wäre die Natur wieder im Einklang: Ich wäre tot und der Bär würde, erschreckt durch den Knall, davonlaufen.

Die Nacht im Zelt war wie der Besuch beim Zahnarzt: schwere Ängste im Vorfeld, aber dann eigentlich gar nicht so schlimm. Natürlich hatten sich zusätzlich zu den Ameisen auch noch Stechmücken eingeschlichen, natürlich war es kalt und feucht und natürlich konnte ich nicht schlafen, aber auf diese Weise hatte ich wenigstens keine Albträume. Die kamen erst, als ich am Morgen aus dem Zelt kroch. Da lag nämlich Stephan mit der Kamera schon auf der Lauer und verfolgte mich gnadenlos bis zum ökologischen Freiluftklo, perfekt hygienisch, aber ohne Tür. Auch durch Steinwürfe ließ er sich nicht vertreiben – eine Szene, die mir nur zu gut aus Indien oder dem afrikanischen Busch bekannt ist: Da gibt es auch keine anständigen Klos, dafür aber ein Rudel Kinder, die einen Kreis bilden und zuschauen, was der weiße Millionär jetzt macht. Tagelange Verstopfungen sind die Folge.

Soweit meine erste – und hoffentlich letzte – Nacht in einem Zelt. Aber die Proben des Schicksals waren noch nicht zu Ende, denn in nur wenigen Tagen sollte mich die weitaus schlimmere Variante meiner Urängste bedrohen: Die Übernachtung in einem Schlafsaal mit schwitzenden, schnarchenden, furzenden Leibern.

Wir waren in Juneau angekommen, der winzigen Verwaltungshauptstadt Alaskas, benannt nach Joe Juneau, dem Erfinder des Goldrausches von 1880. Man zählt knapp 25 000 Einwohner, die fast alle mit dem Regieren zu tun haben, denn hier sitzen sämtliche staatlichen Behörden Alaskas einschließlich des Gouverneurs. Insgesamt ein Städtchen von reizloser Biederkeit und amerikanischer Norm: Vor dem Haus der Rasen, innen drin eine Schusswaffe. Mindestens eine.

Juneau sollte unsere Zwischenstation auf dem Weg zum Glacier Bay Nationalpark sein, einer Meeresbucht, in die zahlreiche Gletscher münden, bekannt als Tummelplatz der Wale, und demnach auch Tummelplatz der Touristen. Leider hatte ein dummes Reisebüro unsere Zimmer irrtümlich erst für den nächsten Tag reserviert, die wenigen Hotels der Stadt waren wieder einmal komplett ausgebucht, und da standen wir nun mit unseren vierzehn Koffern auf dem Flugplatz.

Für solche Pannen – und die gibt es bei einem so dichten Drehplan natürlich ständig – braucht man einen Katastrophenplan, das habe ich in der Flugschule gelernt, sonst folgt nur Chaos. Mit Stolz kann ich daher sagen: Wir sind ein perfekt eingespieltes Team. Wenn etwas schief geht, weiß jeder sofort, was er zu tun hat, da fällt kein überflüssiges Wort, jeder kennt seinen Platz und der Ablauf ist immer der gleiche: Erik passt auf die Geräte auf, Stephan geht ein Bier trinken, der lokale Aufnahmeleiter versteckt sich, Wolpers redet wirres Zeug mit Leuten, die ihn nicht verstehen, und ich beschimpfe Wolpers. Damit haben wir jede Katastrophe im Griff.

So geschah es auch hier. Leider war die einzige Unterkunft, die Wolpers auftreiben konnte, ein Vierbettzimmer in einer Motel-Absteige. Sollte das Breughel-Gemälde in dieser Nacht tatsächlich für mich Wirklichkeit werden?

Da hatte ich die rettende Idee: Wozu habe ich die Platinkarte, die alle Probleme löst, diesen Zauberstab unter den

Kreditkarten, den Schlüssel zum Paradies? So stand es ja in der Werbung: Wenn man in Katmandu einen Ferrari braucht, seinem Reitpferd zum Geburtstag einen Diamanten schicken will oder irgendwo kein Hotelzimmer kriegt, braucht man nur die Hotline anzurufen, jawohl, so hieß es im Werbetext: »WENN MAN KEIN HOTELZIMMER KRIEGT«, und genau das war ja auch der Grund, warum ich mir diese überteuerte Snobkarte aufschwatzen ließ. 24 Stunden rund um die Uhr nur für mich da, die Rettung in jeder Krise. Wie klug von mir, dass ich für diesen Fall vorgesorgt hatte.

Aus einer Telefonzelle in Alaska rief ich die Hotline an, natürlich per Kreditkarte. Schon beim zweiten Mal meldete sich jemand, und ich schilderte ausführlich mein Problem, gestört nur durch eine kleine Diskussion mit dem Nothelfer, ob Juneau wirklich in Alaska läge (Juneau liegt wirklich in Alaska). Man war äußerst freundlich, richtig liebenswert, versprach Hilfe und sofortigen Rückruf. Was für eine tolle Idee, diese Platinkarte!

Der Rückruf kam leider nie, und die Platinkarte habe ich zu Hause gleich wieder abgeschafft. Dafür kam Wolpers und berichtete, dass er doch noch ein Einzelzimmer für mich aufgetrieben hatte. Im »Baranof«, dem besten Hotel der Stadt, wo die lokalen Politiker lokale Politik machen und hinterher mit den lokalen Praktikantinnen ins Bett steigen. Wolpers ist eben doch ein Freund, wenn es darauf ankommt. Außerdem wusste er, dass er sonst die Nacht nicht überlebt hätte.

Da sagte Erik plötzlich: »Bärenland.«

Erik Theisen, der Tonmann, ist der schweigsamste Mensch, den ich kenne. Er sagt immer nur »zupp«, wenn er mir das Mikrofon ansteckt, und »zack«, wenn er das Kabel durchs Hemd zieht, sonst nichts. Wir hatten aber schon tagelang gespürt, dass es in ihm brodelte. Immer wieder machte er den Eindruck, als wolle er gleich was sagen, und wir schwiegen, um seinen Worten Platz zu machen, und sahen ihn erwartungsvoll an, um ihn zu ermuntern. Aber er sagte nicht mal »zupp«.

Als er dann plötzlich »Bärenland« sagte, traf es uns völlig unerwartet, wie ein Keulenschlag der Erkenntnis. So muss es zu Pfingsten vor zweitausend Jahren gewesen sein, als der Heilige Geist in die Schar der Ratlosen fuhr. Jawohl, ein Bärenland. So ist es und nicht anders. Ein verdammtes Bärenland. Aber wieso sagte Erik das erst, als wir schon bei den Walen waren?

Wir sollten es niemals herausfinden, denn bis zum Schluss der Reise sagte Erik nur noch »zupp«.

Die Bierlosen

Die Arbeiter von Prudhoe Bay, dem größten Ölfeld Nordamerikas, hatte ich mir ganz anders vorgestellt. Die härtesten Burschen der Welt, dachte ich, würden sich hier versammeln, die rauhesten Kerle aus den finstersten Ecken, ölverschmierte Söldner und Ex-Legionäre, die größere Herausforderungen suchten als nur lächerliche Kriege, wüste, abenteuerliche Gestalten, wie wir sie aus »Mad Max« oder ähnlichen Endzeitfilmen kennen, vielleicht sogar Mutanten und Außerirdische.

Aber es waren Leute mit Bäuchen und Brillen wie beim

WDR. Vielleicht mit einer besseren Gesichtsfarbe, aber nicht von der Mitternachtssonne, sondern vom Arbeitsrhythmus: Zwei Wochen wird ohne Pause geschuftet, danach gibt's zwei Wochen Urlaub, und wenn man von Alaska geradewegs nach Süden fliegt, ist man in vier Stunden in Hawaii. Erstaunlich viele Ölkumpel haben dort ihr Ferienhäuschen, kann man sich auch leisten, bei einem Durchschnittsverdienst von 10000 Dollar für einen Techniker. Vielleicht gibt's die wilden Kerle draußen auf den Bohrinseln, aber da durften wir leider nicht hin. Das ist nämlich das Wunderbare an der amerikanischen Pressefreiheit: Man darf über alles berichten, aber man kommt nirgendwo rein. Nur im öffentlichen Raum kann man ohne Beschränkung filmen, doch gibt es keinen öffentlichen Raum. Entweder man befindet sich auf Privatgrund, und dann hat man ständig einen PR-Gorilla im Nacken, der darauf achtet, dass man nur das zu sehen kriegt, was die Firma befiehlt, oder man ist in den Krallen einer Behörde, und dann braucht man eine Drehgenehmigung, egal ob für Straßenkreuzung, Nationalpark oder Müllhalde. Ein bisschen absurd ist es schon: In den so genannten »unfreien« Ländern ist zwar alles grundsätzlich verboten, aber man findet immer einen Weg drum herum; im Mutterland der freien Rede ist alles erlaubt, aber es findet sich immer jemand, der es verhindert.

Am stärksten bekamen wir das in Valdez zu spüren, dem eisfreien Hafen im Süden, wo die Pipeline mit dem Öl aus Prudhoe Bay nach einem Weg von 1300 Kilometern endet. Hier werden die Supertanker beladen – und in unmittelbarer Nähe geschah am 24. März 1989 die Katastrophe: In der Prinz William Bucht, nur wenige Kilometer vor dem offenen Meer, lief der Supertanker »Exxon Valdez« auf ein Riff, 42 Millionen Liter Rohöl verseuchten fast 2000 Kilometer

Küstenlandschaft. Heute bemerkt man keine Spuren mehr davon – außer in Form erhöhter Nervosität des Wachpersonals. Denn die Debatte um den Schadenersatz ist immer noch nicht endgültig vorbei, in jedem Kamerateam wittern deshalb die Ölleute militante Naturschützer oder nimmersatte Anwälte.

Wir wollten nur das allerletzte Stück Pipeline filmen, die Pumpstation am Meer. Aber wo immer wir unser Stativ aufstellten, erschien aus dem Nichts ein schwarz uniformierter Wächter und sagte nein, selbst in weitester Entfernung von dem mit hohem Stacheldraht abgesicherten Betriebsgelände. Und sogar unten, am Meeresstrand, drohten uns von den Felsen oben die schwarzen Sheriffs, und da sie alle mächtige Colts in den Gürteln stecken hatten, nahmen wir die Drohung ernst – bis auf Stephan, der sicher auch noch die anfliegende Kugel gefilmt hätte. Aber für das Stativ war Wolpers zuständig, der als typischer Produzent immer nur ans Überleben denkt, und ohne Stativ keine Landschaftsaufnahmen, so lautet das Kameragesetz. Es gibt daher von Valdez nur eine kurze, etwas alberne Szene OHNE Stativ, die mit meiner Nase direkt vor der Kameralinse endet. Sie war nicht sonderlich gut geraten, aber als wir sie wiederholen wollten, näherte sich schon wieder eine schwarze Uniform mit Colt, und diesmal war ich es, der weglief.

Viel netter war man hingegen oben in Prudhoe Bay mit uns, auf dem Ölfeld selbst. Und wenn ich sage »Ölfeld«, dann klingt das wie ein größerer Fußballplatz mit ein paar Bohrtürmen drauf. In Wirklichkeit ist es ein Gelände von mehr als 500 Quadratkilometern zu Land und zu Wasser, das sich sechzehn Ölgesellschaften teilen, mit einer Förderleistung von täglich 250 Millionen Litern aus insgesamt 330 Bohrquellen. Wenn man also überlegt, dass sich bei der Katastrophe von Valdez gerade mal die Pumpleistung von fünf Stunden ins Meer ergoss und dies ausreichte, um für Jahre ganze Landschaften zu verwüsten, ahnt man, was für ein Katastrophenpotential in diesen Ölfeldern lauert. Ob das wohl der Grund war, warum man uns trotz ursprünglicher Zusage nicht auf die Offshore-Bohrinseln ließ? Weil sie uns jetzt gesehen hatten und mein Katastrophenpotential spürten? Denn von so was hatten sie ja wirklich selber genug.

Wenn man die Wohncontainer unserer Bauarbeiter betrachtet, wo sie in einer Art von Schubladen hausen müssen, gerät man in ehrfürchtiges Staunen, wie komfortabel es hier die Ölarbeiter haben. Von außen sieht das zwar alles grässlich aus – graue, riesige Zweckbauten von der Ästhetik alter Flugzeughallen in einer leeren, trostlosen Landschaft –, aber innen betreten wir die perfekte amerikanische Wohlstandswelt: ausschließlich Einzelzimmer (Putzen und Bettenmachen inklusive), dazu Kinosaal, Supermarkt und High-Tech-Fitnessstudio samt Pool, sowie eine kleine Grünanlage, isolierverglast und mit Kunstsonne in der Polarnacht. Die Kantine wäre beleidigt, wenn man sie Kantine nennen würde, denn hier sind Chefköche am Werk, mit mehreren, ständig wechselnden Menüs und einem 24-Stunden-Büffet von der Üppigkeit eines besseren Urlaubshotels, alles kostenlos, versteht sich. Ich weiß, das klingt jetzt wie ein Werbeprospekt zum Anlocken von Ölarbeitern, aber es ist die absolute Wahrheit. In ganz Alaska hatte ich nirgendwo so gut gegessen, obwohl Produzent Wolpers – das muss ja auch mal gesagt werden – absolut großzügig ist und sich immer bemüht, für uns nur die besten Restaurants zu finden. Schade, dass diese Bemühungen niemals erfolgreich waren.

Nur eins gibt es nicht in dem Öl-Wunderland: Alkohol. Hier herrscht Prohibition in strengster Form. Wer sich auch nur mit einer einzigen Flasche Bier erwischen lässt, wird gnadenlos gefeuert. Stephan, der Kameramann, der die Hölle als »Leben ohne Bier am Abend« definiert, litt unsäglich. Ich habe ihn die ganze Nacht röcheln gehört.

Und noch etwas gibt es nicht: Frauen. Das heißt, eigentlich gibt es sie schon, aber nur ganz wenige, in den Vorzimmern der Bosse: die klassischen amerikanischen Standardsekretärinnen, fleischgewordene Schaufensterpuppen, die man aber nicht anschauen darf, ohne sich eine Klage wegen sexueller Belästigung am Arbeitsplatz einzufangen. Nach meiner wissenschaftlichen Definition also keine »Frauen« im biologischen Sinne, sondern der Pflanzenwelt zugehörig, zwischen Schierlingskraut und Venus-Fliegenfalle.

Ich persönlich, der ich mich immer schon dem Mönchischen hingezogen fühle – mein Pubertätstraum war ein Doppelleben als Einsiedler auf dem Berg Athos und Puffwirt in St. Pauli –, finde diese Frauenlosigkeit im Zustand intensiver Arbeit absolut reizvoll. Für Heteros ist sie eine Insel klösterlicher Einkehr auf der Suche nach dem Paradies, für Schwule das real existierende Paradies schlechthin, insgesamt also ein weiteres gelungenes Beispiel dafür, dass auch gegensätzliche Pfade zur Glückseligkeit führen können. Vorausgesetzt, es gibt keine Weiber, die stören.

Unter der Obhut eines angenehm lockeren PR-Onkels durfte ich meinen ersten Bohrturm besteigen, kein festes Gerüst, wie ich immer dachte, sondern ein riesiges, kompliziertes Fahrzeug, das nur ortsfest ist, solange gebohrt wird; wenn die Quelle einmal sprudelt, wird ein Ventil aufgesetzt, und zurück bleibt ein unscheinbarer Kasten mit Nummer, durch Rohre verbunden mit der Pumpstation; der Bohrturm selber rollt zum nächsten Einsatz weiter.

Das Öl liegt mindestens 2500 Meter tief, davon müssen

die ersten 500 Meter durch solides Eis gebohrt werden, den Permafrost-Boden. Einen ganzen Monat dauert es, bis man unten angekommen ist, drei Kilometer und länger ist das Gestänge, denn vom Land aus muss man schräg bohren, da das Hauptlager unter dem Meeresboden liegt. Ganz schön aufregend also, wenn es endlich so weit ist und die Quelle erstmals sprudelt... und ich, Herbert Feuerstein, war dabei, mit den Schatten von Humboldt, Livingstone und Amundsen an meiner Seite.

Ich weiß, dass das kitschig klingt, und unbedeutend ist es noch dazu, so ein lächerliches Bohrloch von den vielen tausenden, die es auf der Welt gibt. Aber hier war ich dabei, bei den anderen nicht – da schlägt der Renaissance-Mensch immer voll durch, und mir wird feierlich und warm ums Herz. Hat ja auch was, wenn dieses schwarze, klebrige Zeug, um das die Welt kämpft und von dem unser Volkswohl abhängt, zischend, fauchend und siedend heiß aus der Hölle emporfährt, direkt in meinen hingehaltenen Kunststoffbecher. Kein Wunder, wenn man da ins Philosophieren kommt: All diese Mühen, Kosten, Qualen, mit ihren oft fürchterlichen Folgen, nur damit endlich so ein bisschen klebriges Zeug rausspritzt. Mit anderen Worten: Genau wie bei meinem ersten Samenerguss.

Ich wollte den Becher mit dem Selbstgezapften als Andenken mit nach Deutschland nehmen. Aber das durften die Ölleute nicht erlauben. Denn das Alaska-Öl ist ein amerikanisches Heiligtum. Der Export ist gesetzlich verboten.

Geldwäsche

Selbsterwaschenes Gold hingegen hätte ich tonnenweise mitnehmen können. Aber bei dem lausigen Goldpreis unserer Tage wären die Mehrkosten für das Übergepäck wahrscheinlich höher gewesen als der Erlös. Außerdem habe ich nichts zusammengekriegt, nicht mal ein Gramm, obwohl ich einen halben Tag siebte und schüttelte wie blöd.

Es gibt einige Wonnen, denen ich absolut nichts abgewinnen kann. Fußball zum Beispiel, wie überhaupt Sport jeder Art, französische Küche, Opernbälle, Trivial Pursuit, lustige Bücher von Ephraim Kishon, Pferde, Volksmusik, Gruppensex, fast alle Sendungen von RTL 2 (meist identisch mit Gruppensex), Zelten sowieso, und seit Alaska auch Goldwaschen.

Es ist wirklich nicht zu fassen: Da stehen erwachsene Männer bis zum Pimmel in den eiskalten Flüssen ihres Landes und schütteln Siebe. Tagelang. Bei jedem Wetter. Dazu der Höllenlärm mehrerer stinkender Dieselmotoren, die das Flussbett umpflügen und Geröll und große Steine entfernen. Der Rest ist Handarbeit: Einen Klumpen Schlamm ins Sieb gepatzt, das Sieb halb ins Wasser getaucht und in der Schräglage rütteln, rütteln, rütteln, bis der leichtere Sand weggeschwemmt ist und das schwere Gold liegen bleibt, wenn eins da ist. Und weil natürlich keins da war, der nächste Schlamm, wieder ins Wasser und wieder rütteln, und dann wieder der nächste, und irgendwann, nach vielen Jahren, blitzt es auf... ein Mikrogramm Gold, vielleicht sogar zwei. Mit der Pipette saugt man den Schatz vorsichtig ins Fläschchen und ist eine Mikrosekunde lang glücklich, vielleicht sogar zwei. Goldwäsche, nach Fischen und Jagen das drittgrößte Hobby in Alaska.

Ich hatte mir das viel romantischer vorgestellt, und früher war es das sicher auch, vor 150 Jahren, als sich das Gerücht vom Goldland Alaska verbreitete. Anfangs war es wirklich nur ein Gerücht, denn die ersten paar Jahrzehnte fand man so gut wie gar nichts. Aber 1880 ging es dann so richtig los. Erst im Süden bei Juneau, der Stadt ohne Hotelzimmer, dann zehn Jahre später im Herzen von Zentralalaska, und schließlich am 17. August 1896 der große Durchbruch: Ein gewisser George Carmacks und seine Indianerkumpel Skookum Jim und Tagish Charlie wanderten an der Grenze zu Kanada einen Gebirgsbach hoch, den Bonanza Creek, einen Seitenarm des Klondike River, der seinerseits wiederum in den Yukon mündet, den zweitgrößten Strom Nordamerikas nach dem Mississippi. Und dort stolperten sie buchstäblich über die Nuggets.

Fast ein Jahr lang konnten sie ihren Fund geheim halten und in aller Ruhe ausbeuten. Aber als sie dann im folgenden Sommer ihre Goldklumpen über die Banktresen von Seattle schoben, war schon einen Tag später ein Schiff mit den ersten tausend Goldsuchern nach Norden unterwegs. Die Gier brach alle Grenzen und trieb die Leute buchstäblich in den Wahnsinn: Über 200000 Menschen machten sich auf den Weg in die Wildnis, ohne Straßen, ohne Unterkunft, ohne Gummistiefel. Höchstens 20000 von ihnen kamen überhaupt ans Ziel – und nicht mal 200 wurden reich. Aber was soll's, eine ähnliche Massenhysterie haben wir ja auch heute noch. Sie heißt Lotto, ist aber ein bisschen bequemer. Dafür sind die Gewinnchancen noch geringer.

Nach ein paar Jahrzehnten war der Spuk wieder vorbei, aber das Hobby ist geblieben. Es gibt sogar noch ein paar kommerzielle Betriebe mit eingezäuntem Gelände, aber der Rest spielt sich in freier Wildbahn ab. Man fährt mit dem Geländewagen einen Bach entlang, sucht sich eine freie Stelle aus und wäscht in Frieden und Freundschaft nebeneinander, ohne Lizenz oder abgesteckten Claim. Statt Messerstechereien, Grizzly-Bären und den goldgeilen Nutten von damals gibt es heute nur Dieselmotoren, Mücken und nasse Hosen.

Der Film beweist es: Ich habe ernsthaft und lange gewaschen. Ich bekam aber keinen Goldrausch davon, sondern nur einen Wadenkrampf.

Der Herr der Lüfte

Unsere Aufnahmeleiterin in Alaska hieß Rose Waldstein, eine Deutsche, die sich in Anchorage niedergelassen hatte und gerade dabei war, durch Betreuung von elchjagenden Zahnärzten und anderen Individualreisenden aus Deutschland ein kleines Tourismusunternehmen aufzubauen. Sie war hager, burschikos, zäh und auf eine sympathische Art ein bisschen verrückt – und es sollte sich bei den folgenden Reisen herausstellen, dass wir, sofern die Aufnahmeleitung weiblich war, immer wieder an diesen Typ gerieten: hagere, burschikose, zähe und ein bisschen verrückte Frauen zwischen 30 und 40, die meistens gerade eine unglückliche Beziehung hinter sich hatten und daher gewohnt waren, von Männern ausgenutzt zu werden – die ideale Voraussetzung dafür, ein Kamerateam wie das unsere zu betreuen.

Als ich hörte, dass sie den Pilotenschein hat, mochte ich sie schon im Voraus. Denn so einen habe ich auch, besser gesagt, ich hatte ihn (für Fachleute: den C-VFR für Einmots). Aber nach zwanzig Jahren Fliegerei mit 650 Flugstunden und über 2000 Landungen ist er inzwischen verfallen, als ich mal zwei Jahre lang nicht genügend Flugstunden (man braucht 24) für die Verlängerung aufbrachte. Macht ja auch nichts, denn wenn mich heute die Lust packt, muss ich eben zusätzlich zum Flugzeug auch noch einen Fluglehrer chartern; der sitzt dann rechts neben mir und guckt staunend zu, wie gut ich alles noch kann.

Nun passiert es mir häufig, dass ich einen »Fliegerkameraden« im Voraus mag, aber nach der ersten Begegnung nicht mehr ausstehen kann. Denn Hobbyflieger – und ich vermeide sorgfältig die grundfalsche Bezeichnung »Sportflieger«, um auf keinen Fall auch nur in die Nähe einer sportlichen Betätigung gerückt zu werden – sind entweder dumme Snobs mit Föhnfrisur oder langweilige Propeller-Freaks mit Endlos-Monologen über Gemischverhältnis und GPS-Navigation. Unsere Rose Waldstein hatte aber dieses gewisse Etwas, das sie für mich geradezu unwiderstehlich machte: nämlich zusätzlich zum Pilotenschein auch noch die Fluglehrerlizenz. Denn das bedeutete: Da darf ich selber an den Steuerknüppel.

Allein aus Notwendigkeit ist Alaska ein Fliegerparadies, denn die Entfernungen sind riesig: von oben nach unten 2300 Kilometer, von Ost nach West 3800 – Deutschland würde gleich sechsmal in diese Fläche passen. Die wenigen Straßen, die es hier gibt, sind zwar amerikanisch perfekt, aber außerhalb der Ortschaften enden sie gewöhnlich schon nach wenigen Kilometern im Nichts. Also ist das Flugzeug das Hauptverkehrsmittel. Weit über tausend Flugplätze weist Alaska auf, und 300 Fluggesellschaften verbinden auch die letzten Iglus miteinander, wenn es denn welche gäbe. Jeder vierzigste Alaskaner hat einen Pilotenschein, jeder sechzigste ein eigenes Flugzeug und jeder tausendste eine Fluglehrerlizenz.

Mit ihrer Lehrerlizenz zählte Rose Waldstein zwar zu den oberen tausendsten, aber leider war sie keine sechzigste, das heißt, sie hatte kein eigenes Flugzeug. Also mussten wir mit Verkehrsflugzeugen und Charterpiloten vorlieb nehmen – zur Erleichterung von Wolpers, dem sein eigenes, lächerliches Leben wieder mal wichtiger war als mein Wohlbefinden. Wie gern hätte ich die Chance gehabt, mein Team wenigstens einmal selber durch Wind und Wolken zu steuern, wie das Herbert von Karajan und König Hussein von Marokko taten und Niki Lauda immer noch tut, kühn, aber verantwortungsvoll, der stolze Herr der Lüfte. Aber was soll's, die Kerle sind das ohnehin nicht wert.

Gegen Ende der Reise gab es dann doch ein paar freie Stunden, die Rose und ich für einen privaten Rundflug nutzten. Sie hatte was ganz Wunderbares aufgetrieben, eine C 150, die kleinste Maschine der Cessna-Familie, ein Zweisitzer, der eigentlich nur in Flugschulen benutzt wird, zum Grundtraining. Zum Reiseflug ist sie weniger geeignet, denn sie ist so langsam, dass man ständig von Lastern überholt wird, wenn man über der Autobahn fliegt, und Gepäck kriegt man sowieso kaum rein. Seit der Flugschule hatte ich nur einmal noch in einer C 150 gesessen, notgedrungen, weil es gerade nichts anderes gab: von Hamburg nach Emden. Dort fand die Premiere des allerersten Otto-Films statt, und ich wollte auf keinen Fall zu spät kommen.

Natürlich kam ich zu spät, denn es war Gegenwind, und da überholen einen in der Cessna 150 sogar die Fußgänger.

Als ich endlich über Emden war, war auch der kleine Flughafen schon geschlossen und meine Funksprüche gingen ins Leere. Bis ich rief: »Ich muss zu Otto Waalkes!« Da meldete sich plötzlich doch noch jemand und ließ mich runter. Das steigerte meine Hochachtung vor Otto ins Unermessliche, aber das ist schon viele Jahre her, und inzwischen ist sie wieder im Messbereich.

Für eine kleine Stadt wie Anchorage ist der Flughafen ganz schön gewaltig, mit einem noch größeren Militärflugplatz um die Ecke, und da war es gut, dass Rose neben mir saß und den Funkverkehr abwickelte. Zwar ist mein Englisch von literarischer Vollendung, aber nicht im Gespräch mit dem Tower. Da bin ich Weltmeister im Missverstehen, besonders in den USA, wo es im Flugfunk locker und rasend schnell zugeht, mit oft völlig anderen Anweisungen als den bei uns üblichen »Verfahrenssprechgruppen«. So mancher Traumflug in der kalifornischen Wüste endete mit Schweißausbrüchen und nackter Panik, wenn es dann vor San Diego oder Van Nuys mit dem Redegeknatter im Kopfhörer losging. Erst als ich mit einem befreundeten Profi-Piloten ein paarmal im Jumbo-Cockpit mitfliegen durfte, linderte sich dieses Trauma. Denn da lernte ich, dass auch bei der Lufthansa die meistgesprochenen Sätze zwischen den Piloten zwei Standardphrasen sind, die ich so in der Flugschule nicht gelernt hatte. Sie lauten: »Was hat er gesagt?« (Pilot 1) und »Keine Ahnung« (Pilot 2).

Rose Waldstein führte mich sicher durch die Sprachverwirrung der Platzverkehrskontrolle von Anchorage hinaus in die freie Landschaft, wo man unbehindert zum Vogel werden darf. Wie es sich für eine Flugstunde gehört, gab es zuerst den Routine-Check: solides Austrimmen, Höhehalten beim Vollkreis, saubere »Lazy Eights«, Überziehen und

Auffangen ... kein Problem, Baby, mach ich im Schlaf. Dann suchten wir einen kleinen Flugplatz zum Üben und fanden ihn in einer menschenleeren Gegend, zufällig ganz nahe dem Flüsschen, wo wir unsere Goldwäscher-Szene gedreht hatten. Wie die meisten kleinen Flugplätze Amerikas hatte er eine anständige, breite Bahn ohne Dellen und Löcher – und sonst nichts, nicht mal ein Klohäuschen und schon gar nicht diesen Raubritterturm mit Papierkram und Landegebühren wie bei uns. Hier absolvierte ich all die wichtigen Platzrunden, Durchstart- und Notlandeübungen, und dann ging's weiter in die Berge, an den Gletscherrand, über die Wälder ...

Und Rose saß neben mir und staunte. Schon bei meinen präzisen Platzrunden war sie verstummt. Möglich, dass sie eingeschlafen war, ist ja egal, ein Käpt'n wie ich hat sich schließlich um das Fliegen zu kümmern und nicht auf die Passagiere zu achten. Und es war wunderbar. Bei der Arbeit zu unseren Filmen gibt es im Allgemeinen recht wenig Gelegenheit für private Momente – dies war einer. Und ein sehr schöner noch dazu.

Kurz vor Anchorage weckte ich Rose. Sie sprach mit dem Tower und der ließ uns runter. Ohne dass ich den Namen von Otto Waalkes nennen musste.

MORD:
Der zweite Versuch

Auch das Wasserflugzeug, bei uns eine viel bestaunte Rarität, gehört in Alaska zum Alltag. Lake Hood, ganz in der Nähe von Anchorage, gilt sogar als der größte Wasserflughafen der Welt. Der Besuch bei den Kodiak-Bären wäre ohne dieses Gerät unmöglich gewesen.

Das königliche Verkehrsmittel ist natürlich der Hubschrauber. Auch das teuerste. Die Flugstunde kann schon mal 2000 Mark kosten (im Vergleich dazu: die C 150 kostete hundert), weshalb man mit seinem Einsatz sehr sparsam umgeht. Für die Anfangsszene aber war er unerlässlich: eine spektakuläre Gletscherlandschaft, ein Flug dicht über dem Boden, darüber die Titelschriften, dann in der Ferne ein Punkt, der sich beim Näherkommen als Feuerstein mit seiner Landkarte entpuppt, dicht vor ihm endet der Flug – so was geht nur mit einem Hubschrauber; mit dem Flugzeug wäre das unmöglich.

Die Idee gefiel mir gut und das Ergebnis noch besser, so dass wir diese Art des Anfangs zum Standard für fast alle weiteren Reisen machten, in der arabischen Wüste ebenso wie auf der mexikanischen Sonnenpyramide oder im schottischen Loch Ness. In Alaska aber war dies das erste Mal, und ich wusste nicht, was auf mich zukommen würde. Diese Unwissenheit nutzte Wolpers geschickt für einen zweiten Mordversuch.

Der Columbia-Gletscher dehnt sich über eine Fläche von tausend Quadratkilometern aus. Seine Eismassen schieben sich fast hundert Kilometer von den Bergen ins Meer, seine Stirnseite, von wo er Eisberge in die Bucht von Valdez kalbt, ist allein zehn Kilometer breit. Da würden wir mit dem Hubschrauber hineinfliegen, irgendwo mitten drin Halt machen, die Karte aufbauen und die Nahaufnahmen drehen; dann würde ich allein zurückbleiben und immer kräftig winken, wenn der Hubschrauber seinen Anflug macht.

Am Hubschrauber wird die rechte Tür ausgebaut, Stephan sitzt dort auf dem Boden, mit den Füßen draußen auf den Kufen, natürlich mehrfach angeschnallt. Das ist eine bitterkalte Tortur, im eisigen Fahrtwind dicht über dem Gletscher, egal, wie sehr man sich auch vermummt. Aber Stephan liebt das, auch wenn ihm das Objektiv am Auge festfriert und wir ihn hinterher mit dem Eispickel von den Kufen abkratzen müssen.

Der Flug war atemberaubend schön. Alle Nuancen von Weiß, dazwischen Glasberge aus Eis und Schluchten, in denen man das Meerwasser sieht, mitgeschobene Geröllfelder, dazwischen ein Schneeteppich und hochragende Gletscherfelsen. Eigentlich hätte uns der Pilot am Bergrand absetzen sollen, denn das Landen auf dem Gletscher ist verboten. Aber er verstand, was wir brauchten, und fand tatsächlich ein flaches Stück Eis, auf das er die Maschine kurz abstellen konnte.

Wir kletterten auf einen mächtigen Felsen aus Eis, Erik und Wolpers bauten die Karte zusammen, Stephan machte die Nahaufnahmen, und dann flogen sie alle weg. Ich blieb allein zurück.

Als das Rattern des Hubschraubers verklungen war, hörte ich erst die Stille und dann nach und nach den Gletscher. Wie er knackte und manchmal auch gluckste, seltsame und unheimliche Geräusche. Und mir kam plötzlich der Gedanke, dass dies gar kein Filmdreh war, sondern ein Mordanschlag. Da mich die Mücken nicht zu Tode gestochen hatten, setzte mich Wolpers jetzt auf dem Gletscher aus. Wahrscheinlich waren sie alle längst schon auf dem Rückflug, und Wolpers verteilte gerade das Schweigegeld...

Natürlich war der Gedanke absurd, und ich versuchte gerade, ihn wegzulachen, als mir ein noch viel schlimmerer kam, ein durchaus realistischer: Was ist, wenn der Hubschrauber verunglückt? Wenn Stephan ein riskantes Flugmanöver verlangt, und alle in eine Gletscherspalte fallen? Nach ein paar Stunden würde es natürlich Alarm geben, Suchmannschaften würden losziehen – und dann die Toten finden: Drei Menschen und ein Wolpers, aber niemand würde wissen, dass ein vierter weit draußen auf dem Gletscher sitzt und wartet...

Ich würde also sitzen und warten, Stunden und Tage... ich kriege heute noch feuchte Augen, wenn ich mir vorstelle, wie ich da sitze und warte. Auch jetzt, beim Niederschreiben. *(Beim Korrekturlesen auch schon wieder.)*

Gut, irgendwann würde ich unten in Valdez ankommen, denn der Columbia-Gletscher gehört zu den aktiveren und schiebt sich zwei Meter pro Tag voran. Aber da ich zwanzig oder dreißig Kilometer inland saß, würde das fünfzig Jahre dauern, vielleicht auch nur vierzig, wenn es mit der globalen Erwärmung so weiter geht. Ich würde auf alle Fälle sehr, sehr alt sein, man würde mir nichts glauben und Wolpers würde ungestraft davonkommen. Vielleicht würden mich auch die Mücken auffressen, die hier so groß sind wie Hunde.

Aber der Hubschrauber kam zurück, und ich winkte, fast außer mir vor Glück und Erleichterung. Ich hatte mich also getäuscht: Wolpers wollte mich gar nicht auf dem Gletscher aussetzen, er war doch nicht so mies, wie ich dachte.

Er war noch viel mieser.

Es gab noch einen zweiten Anflug, und ich winkte, dass ich mir fast die Arme auskugelte. Wieder stand der Hubschrauber dicht über mir, so nah, dass ich das Weiße in Stephans freiem Auge sah – vielleicht war es auch Eis, weil es zugefroren war. Aber dann ging der Pilot nicht in die Schräge weg von mir, wie bei den ersten beiden Malen, sondern in die Schräge mir zugewendet ... und in diesem Moment spürte ich auch schon den brutalen Luftwirbel des Rotors. Im Schlussbild des Filmes sieht man es ganz genau: Die Karte fliegt in Fetzen weg, der Rahmen zerspringt, ich werfe mich auf den Boden, verkralle mich mit den Fingernägeln im Eis, verbeiße mich mit den Zähnen im Gletscher ...

Wolpers wollte mich also doch ermorden. Indem er den Piloten bat, mich in eine Gletscherspalte zu strudeln. Und es sollte nicht sein letzter Anschlag sein.

VANUATU

Der Untote

Die klassische Antwort des Bergsteigers auf die Frage, warum er gerade auf diesen Gipfel klettere, lautet: »Weil er da ist.« Das könnte auch meine Antwort auf die so häufig gestellte Frage sein, warum ich als Ziel unserer zweiten Filmreise ausgerechnet Vanuatu wählte. Könnte. Ist sie aber nicht. Denn wie die meisten anderen Menschen dieser Welt, Briefmarkensammler ausgenommen, hatte auch ich nicht die geringste Ahnung gehabt, dass Vanuatu »da ist«. Es gab einen ganz anderen Grund: Vanuatu war von einem Tag auf den andern für mich zur Obsession geworden.

In einer meiner vielen wissenschaftlichen Experimente in der Sendereihe »Schmidteinander« wollte ich Anfang 1992 die Ausbreitung des Schalls durch die Erde testen. Dazu wurde das Studiopublikum gebeten, gemeinsam mit Schmidt und mir in die Höhe zu springen. Die Druck- und Schallwelle, die durch den gewaltigen Aufprall von mehr als hundert Menschen auf dem Boden entsteht, würden wir durch den Erdball hindurch verfolgen; mit der Kamera würden wir am anderen Ende bereit stehen und beobachten, was passiert. Die Zeit, die der Schall für diese Reise braucht, hatte ich mit 22 Minuten und 14 Sekunden berechnet.

Nun kommt man, wenn man von Köln aus ein Loch durch den Mittelpunkt der Erde bohrt, dummerweise im Wasser raus, nahe der Auckland-Insel, die nichts mit der gleichnamigen Stadt im Norden Neuseelands zu tun hat, sondern ganz tief im Süden liegt, etwa 200 Kilometer unterhalb der neuseeländischen Südinsel und fast tausend Kilometer von der Hauptstadt Wellington entfernt. Als ich nachts darüber grübelte, weil ich ohnehin nicht einschlafen konnte, da in einer Garage, zwei Häuser um die Ecke, wieder mal der Fehlalarm eines überängstlichen Mercedes losging, brachte mir genau dieses sinnlose Gehupe die rettende Erkenntnis: Der Schall kann ja auch krumme Wege gehen! Wenn ein Hupenton von der Clemens-August-Straße über den Aldi-Parkplatz, seitlich am Amtsgericht vorbei, am Balthasar-Neumann-Platz ankommt, dann könnte die Hüpfwelle im WDR-Studio B durchaus in Wellington eintreffen.

Die Wucht der Erkenntnis hätte mich umgehauen, hätte ich nicht im Bett gelegen. So muss sich Newton gefühlt haben, als ihm damals der Apfel auf den Kopf fiel. Oder Einstein, als er erstmals die Raum-Zeit-Krümmung wahrnahm, wahrscheinlich im Suff. Ich sprang aus dem Bett, rechnete nach und stellte fest, dass unser Hüpfer nicht nur tatsächlich in Wellington rauskommen muss, sondern dort auch genau unter dem Gebäude der deutschen Botschaft. Und so war es auch. Wir sprangen in der Sendung gemeinsam hoch – und nach genau 22 Minuten und 14 Sekunden zeigten unsere Fernkameras, wie dieses riesige Gebäude, erschüttert durch unsere enorme Schallwelle nach ihrem Höllenweg durch das Innere der Erde, in sich zusammenstürzte. In einer riesigen Staubwolke. Und so begann die Freundschaft zwischen »Schmidteinander« und den Leuten der deutschen Botschaft in Neuseeland, denn die wollten ohnehin immer schon ein neues Gebäude.

Gleich in der nächsten Folge überprüften wir, ob Deutschland dort auch wirklich pünktlich vertreten wird, denn zu unserer Sendezeit am Sonntag, 22 Uhr, war es in Neuseeland bereits Montag, 8 Uhr morgens, und da hat ein anständiger Diplomat längst an seiner ersten Protestnote zu feilen. Also riefen wir an – und es war tatsächlich schon einer da. So entstand eine Art Dauerrubrik mit Kultcharakter: »Was gibt's Neues in Neuseeland?« lautete die Standardfrage, und jeder zweite deutsche Tourist, der in Wellington zufällig am Botschaftsgebäude vorbeilief, schickte uns anschließend Schnappschüsse davon. Auch im Bonner Außenamt hatten wir einen Fan, der sich fast rührend um diese Kontaktpflege kümmerte, und von ihm erfuhr ich, dass es außer in Neuseeland auch in Papua-Neuguinea eine deutsche Botschaft gibt, eine ganz kleine, die wir beim nächsten Bohrversuch zerstören könnten; damit würden wir Bonn sogar einen Gefallen tun, weil sie ohnehin auf der Liste jener Vertretungen steht, die aus Ersparnisgründen geschlossen werden sollten. Sie war zwar auch für die Inselstaaten Kiribati, Tuvalu und Vanuatu zuständig, aber da reist sowieso kein Deutscher hin.

Vanuatu. Das erste Mal, dass ich diesen Namen hörte. Vanuatu. Und ich hatte eine Vision: Sehr wohl wird ein Deutscher da hinreisen. Wahrscheinlich sogar vier Deutsche.

»Warum nicht Papua-Neuguinea? Kiribati oder Tuvalu?« höre ich jemanden fragen. Nun, Papua-Neuguinea gibt natürlich auch eine Menge her, mit seinen Bergketten, die unsere Alpen zu Maulwurfshügeln schrumpfen lassen, mit dichten Regenwäldern noch in Höhen, wo bei uns nicht mal die Zwergkiefer eine Chance hätte, dazu eine Vergangenheit aus Kopfjagd und magischen Männerbünden. Aber das Land ist riesengroß, unzugänglich und gefährlich – die Hauptstadt Port Moresby hält seit Jahren unangefochten die Spitze in der Mordrate pro Einwohner, und da es nicht mal ein einziges Fünf-Sterne-Hotel gibt, wüsste ich wirklich nicht, was ich dort sollte. Solche Länder überlasse ich den

Kollegen von CNN, die ihr aufklappbares Fünf-Sterne-Hotel im Hubschrauber mitbringen – ich persönlich bin dafür absolut ungeeignet. Außerdem brauche ich keine Vergangenheit aus Kopfjagd und magischen Männerbünden, wenn ich zu einer Gegenwart aus Wolpers und meinem Team verdammt bin.

Und Kiribati? Ein langweiliger Palmenwitz mit lächerlichem Ehrgeiz: Vor ein paar Jahren wurde per Verfassungsänderung beschlossen, aus der geografisch korrekten Zeitzone auszuscheren, nur damit das Land als Erstes in der Welt das neue Jahrtausend feiern konnte. Dass es dort eine deutsche Matrosenschule gibt, macht die Sache nur schlimmer. Dazu ist das Land auch noch gefährlich: Denn man lebt dort auf ein paar winzigen, flachen Inselchen, deren höchste Erhebung nicht mal fünf Meter über dem Meeresspiegel liegt. Da ich extrem wasserscheu bin, betrete ich grundsätzlich keine Insel, auf der man nicht mindestens dreißig Meter hochrennen kann – das ist nämlich die Höhe der größten jemals gemessenen Flutwelle. Und fragen Sie mich bitte jetzt nicht nach Tuvalu. Darüber weiß ich nur, dass mir der Name nicht gefällt. Klingt ein bisschen wie Täterätä, und ich hasse den rheinischen Karneval.

Bleibt also Vanuatu, das Südseeparadies zwischen Australien und den Fidschi-Inseln. Und wieso war ich so sicher, dass es ein Paradies sein würde? Wahrscheinlich, weil Vanuatu ein bisschen wie »Xanadu« klingt, das geheimnisvolle Land romantischer Träume. Hoffnung und Sehnsucht statt Täterätä. Da will ich hin.

Vanuatu ist eine kleine, junge Republik von 150000 Menschen auf 83 Inseln. Deren gesamte Landfläche beträgt knapp 12000 Quadratkilometer, also ein gutes Stück weniger als die Ausdehnung von Schleswig-Holstein – aber verteilt über eine riesige Wasserfläche, mit einer Entfernung von 1300 Kilometern zwischen der nördlichsten und der südlichsten Insel. Bis zur Unabhängigkeit im Jahre 1980 standen die Inseln als so genanntes Kondominium unter englisch-französischer Gemeinschaftsverwaltung, unter dem Namen »Neue Hebriden« – und jetzt muss ich wieder ein bisschen dozieren, und zwar in Ihrem Interesse, liebe Leser, damit Sie sich auf Ihrer nächsten Weltreise nicht schon beim ersten Zwischenstopp in Schottland blamieren. Denn dort liegen die alten Hebriden, die richtigen. Auf Englisch heißen sie »Hebrides«, und wer jetzt seinem schulenglischen Instinkt folgt und das als *»Hie-braids«* ausspricht, mit langem »i«, erntet entweder Verständnislosigkeit oder einen Lacherfolg. Phonetisch korrekt sagt man nämlich *»Hebbri-dies«*, mit der Betonung auf dem kurzen »e« der ersten Silbe und dem langen »i« am Schluss. Das gilt konsequenterweise auch für die »New Hebrides«, ist aber inzwischen unwichtig geworden, denn die heißen ja jetzt »Vanuatu«.

Die Südsee war bisher ein weißer Fleck auf meiner Reiselandkarte. Zwar hatte ich ein paarmal die Hawaii-Inseln besucht, aber das zählt nicht, denn die liegen genauso in Amerika wie Mallorca in Deutschland. Von den restlichen zehntausend Inseln fühlte ich mich nie sonderlich angezogen. Einmal, weil ich Gauguin mit seinen plumpen Weibern nicht mag. Zweitens, weil es doch recht umständlich ist, dahin zu kommen. Drittens, weil die Auswahl auf einer so riesigen Meeresfläche, die mehr als ein Viertel der Erde einnimmt, verdammt schwierig ist und ich todsicher die falschen Inseln wählen würde, solche mit Blechdosen am Strand und Hawaii-Gitarren im Hotel; und viertens, weil man von den populären Südseeträumen wie Samoa und den Fidschi-Inseln schon lange nichts Gutes mehr hört, außer man verzieht sich auf Privatinseln für zweitausend Dollar pro Nacht, und selbst die sind mit 250 Kilo Marlon Brando längst restlos übervölkert.

Bisher war ich nur ein einziges Mal in der echten Südsee gewesen, ausgerechnet auf Guam, einem der vielen gleichförmig hässlichen amerikanischen Militärstützpunkte, aber nur ein paar Stunden lang auf einer Zwischenlandung, und das zählt genauso wenig wie Hawaii. Außerdem war das Ganze damals eine Überlebensaktion. Ein Jahr zuvor hatte mir nämlich eine Voodoo-Priesterin in Haiti vorausgesagt, ich würde den nächsten 22. Februar nicht überleben. Also machte ich in der kritischen Zeit eine Reise rund um die Welt.

Nun könnte man das als Versuch ansehen, dem Sensenmann zu entfliehen, aber so dumm bin ich nicht, denn wir alle wissen: »Der Tod reist mit«, so steht das ja oft genug in ›Bild‹. Mein Plan war viel klüger: Eine Reise rund um die Welt überquert nämlich zwangsläufig die Datumsgrenze, und da hatte ich eine Idee.

Mitte Februar 1978 begab ich mich auf die Schicksalsreise, immer westwärts, von Frankfurt nach Rio, dann über Trinidad und Houston nach Los Angeles, und schließlich nach Hawaii. Am 21. Februar 1979 kurz vor Mitternacht, beim Anflug von Honolulu nach Guam, hatte ich gegenüber Frankfurt bereits zwölf Stunden zu den üblichen 24 hinzugewonnen. Und dann war es so weit: Mit großem Herzklopfen flogen wir über den 180. Längengrad, die Datumsgrenze. Man sieht und spürt sie nicht, niemand fragt nach den Papieren, ich glitt einfach über sie hinweg – und lebte immer noch. Denn auf der anderen Seite war bereits der 23. Februar angebrochen, auch wieder 36 Stunden lang, die ich nach und nach, bis zur Ankunft in Frankfurt vom Osten her, wieder auf 24 abbauen würde. Den 22. Februar hatte ich einfach übersprungen, und der Tod, der ja wissen muss, wann die Stunde geschlagen hat, und deshalb wie alles Zeitliche an den Kalender gebunden ist, hatte keine Chance.

Mein Todestag war unerlebt verstrichen. Wahrscheinlich bin ich jetzt unsterblich. Ein Untoter.

Klassenkampf

Zum Grundvokabular des Jetsets gehört es, bei Verabredungen niemals zu sagen: »Wir treffen uns Sonntag, 14 Uhr 30, in der Eisdiele«, sondern: »Wir treffen uns Sonntag, 14 Uhr 30, in Singapur.«

Da ich Singapur nicht mag, seit die Boogie Street abgeschafft und die Stadt sterilisiert wurde, trafen wir uns Sonntag, 14 Uhr 30, in Sydney. Mein Team war von Osten über Los Angeles eingeflogen, ich kam von Westen über Bangkok. Und weil ich annehme, dass Sie sich inzwischen entschieden haben, ob Sie mich mögen oder nicht, will ich Ihnen das Geheimnis verraten, warum wir auf den großen Strecken getrennt fliegen. Wenn Sie mich mögen, werden Sie mich verstehen. Und wenn Sie mich nicht mögen, können Sie mich sowieso am Arsch lecken.

Die englische Königsfamilie fliegt grundsätzlich getrennt. Denn falls mal was passieren sollte, wäre deshalb die Dynastie noch nicht zu Ende, und mindestens eine(r) bliebe zur Fortpflanzung übrig. Oder für Skandale. Das ist ein guter und plausibler Grund, aber er gilt nur für Könige – nicht für uns. Im Gegenteil: Für das Team und mich wäre ein gemeinsamer Tod eindeutig die vernünftigere Lösung, denn ohne mich wären die drei wie Ameiseneier ohne Ameisenstaat, und ich wiederum würde ohne das Team niemals solche Filme machen. Sondern bessere.

Der wirkliche Grund für unsere getrennten Langstreckenreisen ist der demütigende, erbärmliche, widerwärtige und verachtenswerte Klassenunterschied, den unsere Gesellschaft immer noch macht.

Als Gott die erste Klasse im Flugzeug schuf, wollte er auf keinen Fall, dass Wolpers drinsitzt. So könnte man theologisch argumentieren, aber auch Naturgesetze könnte ich zitieren, die seinen Ausschluss von dieser höheren Form des Lebens rechtfertigen. Aber das ist gar nicht nötig, denn es geht um eine ganz einfache und praktische Sache: Ich kann nur schlafen, wenn ich flach ausgestreckt liege. Auf keinen Fall im Sitzen, auch wenn die Rückenlehne die gesamten fünf Millimeter, die unsere großzügigen Fluglinien in der Touristenklasse heute noch zulassen, zurückgestellt ist. Und auch nicht in der Businessklasse mit dem zusätzlichen Millimeter. Wenn ich in so einer Krampfposition zwanzig Stunden lang verharren muss, bin ich bei der Ankunft tot und kann eine Woche nicht arbeiten, schon gar nicht bei einem Zeitunterschied von zehn Stunden wie in Vanuatu.

Mein Team hingegen ist sportlich und jung und kann selbst im Stehen schlafen, wie ich während der Arbeit immer wieder beobachtet habe. Logische Konsequenz: Das Team sitzt in der Holzklasse, ich in der First. So einfach ist das. Aber auch einfache Dinge können Hass erzeugen.

Nicht bei Wolpers, denn der ist auch der Produzent, muss auf die Kohle achten und würde sich sogar als Luftfracht schicken lassen, wenn es erlaubt wäre. Auch nicht beim Rest des Teams, denn Stephan und Erik sind keine Salonfilmer, sondern Profis auf freier Wildbahn, zu Hause in den Gedärmen des Lebens, die willig mit der Titanic untergegangen wären, wenn der Produzent eine Subjektive verlangt hätte, wie das Wasser von oben zusammenschlägt. Wenn nötig, würden die beiden auch auf der Tragfläche des Flugzeuges sitzen. Liebend gern hätte ich diese meine wunderbaren Freunde allesamt im Oberdeck des Jumbos willkommen geheißen. Aber da war das Produktionsbudget vor, denn die First ist im Durchschnitt gut fünfmal so teuer wie die Touristenklasse.

Genau das war der Stein des Anstoßes im Haus meines geliebten Feindsenders WDR. Schon nach den ersten drei Folgen wurde geflüstert, getuschelt, angedeutet – und mir schließlich um die Ohren geknallt: »Feuerstein fliegt auf Kosten der Gebührenzahler in der ersten Klasse!«

Ich glaube nicht, dass Neid der Grund dafür ist. Für diesen gäbe es bei einem Multimilliardenverteiler wie dem WDR wahrhaft größere Objekte der Begierde. Eher dürfte eine Mischung aus Gewohnheitsrecht und ideologischem Missverständnis daran schuld sein. Denn bei allen Sendeanstalten besagt die Gewohnheit, dass Reisefilme auf der untersten Stufe der Finanzausstattung zu stehen haben: Ein Wanderstab, ein Zelt, ein paar Tüten Trockensuppe, dazu eine Kamera, und fertig ist die Reise an die Quellen des Nil. Meine Art des Erzählens hingegen, mit vielen Geschichten und häufigem Ortswechsel, verlässt den Boden der geografischen Expedition und will nicht nur informieren, sondern auch amüsieren; sie ist entsprechend teurer und wird deshalb entsprechend misstrauischer beäugt. Und die ideologische Betrachtungsweise, so tief verwurzelt in der Tradition des WDR, verschärft das Ganze durch die Überzeugung, dass Wahrheit nur durch Entbehrung erzielbar sei; Luxus korrumpiere und die Annäherung an das Ziel im Liegesessel der First könne nur in Menschenverachtung enden. So ein Blödsinn. Als ob Humboldt den Amazonas im Ruderboot erforschen musste. Als ob Livingstone keine einheimischen Gepäckträger gehabt hätte, die abends die Moskitos wegwedelten und auch mal für ihn tanzten.

Auch ich bin als Linksideologe aufgewachsen und werde, nach Zwischenstadien als John F. Kennedy und Norbert Blüm, wahrscheinlich als Franz Josef Strauß sterben, so läuft nun mal der revolutionäre Entwicklungspfad. Aber auch als Linksideologe hatte ich niemals akzeptiert, dass Sex der einzig erlaubte Luxus im Klassenkampf war, Golfschläger und Fünfsterne-Hotels hingegen Feinde der Revolution. Als ich 1969 voll Enthusiasmus von New York nach Frankfurt zurückzog, um – trotz leichter Verspätung – ein kämpferischer Achtundsechziger zu werden, durfte ich nicht mitspielen, weil ich mir als Erstes einen Jaguar gekauft hatte. Es war ein gebrauchter, ständig kaputter Jaguar, aber ein Jaguar eben, und als solcher nicht zugelassen für den Transport der Revolution. Heute sind die Mitspielverweigerer von damals längst in BMWs umgestiegen, während ich immer noch in einem lausigen Jaguar Double Six Zwölfzylinder für 150 000 Mark sitzen muss, ich armes Schwein.

Dreißig Jahre ist es her, dass ich kein Achtundsechziger wurde. Verfolgt mich der Klassenkampf im Flugzeug als eine Art Nachprüfung? Wobei ich zugeben muss: Ganz unschuldig war ich an dieser Entwicklung auch wieder nicht. Denn aus kindlicher Freude über die Privilegien in der Jumbo-Oberstube hatte ich diese schamlos übertrieben: Eine finnische Sauna gäbe es in der First, behauptete ich, ein Dutzend Billardtische, einen Swimmingpool, einen Golfplatz mit neun Löchern und einen Massagesalon samt Puff.

Alles gelogen natürlich, auch der Massagesalon – bei der Lufthansa jedenfalls. In Wahrheit gibt es nur diesen extrabreiten Sitz, der sich in ein flaches Bett verwandeln lässt; der Rest ist nicht anders als die Art von Gemeinschaftsstube, die ich sonst so sorgfältig vermeide: eine muffige Höhle voll dicker, schnarchender und furzender Kerle.

Bleibt freilich die Tatsache des fünffachen Preises. Denn inzwischen maulten auch schon die Zeitungen. »Es geht schon viele Jahre: Wenn ein Feiertag auf dem Kalender steht, gibt's Herbert Feuerstein, wie er auf Kosten Ihrer Rundfunkgebühren durch die Welt reist.« Natürlich die ›taz‹. Dabei stimmt das gar nicht. Kein Pfennig von der GEZ steckt in meiner ersten Klasse, ich habe sie immer selber bezahlt. Nicht mit Geld, sondern viel härter noch: Mit Meilen, gesammelt in mühsamer Kleinarbeit auf unzähligen Privatreisen, im »Miles-and-More-Programm«, wo man für jeden Lufthansa-Flug ein Punkteguthaben kriegt, das man durch Freiflüge oder Höherstufung in die nächste Klasse abdienen kann. Dafür habe ich den liebevollen Service der asiatischen Airlines ausgeschlagen, die großzügigen Sitze der Engländer und Amerikaner, und stattdessen die langen Schlangen vor abgestürzten Computern und überforderten Lufthänseln und -greteln ertragen, die qualvolle Enge und die tuntigen Ansagen im Flugzeug sowie die ultimative Demütigung in der innerdeutschen Businessklasse, wo man für den doppelten Preis gerade mal ein Erfrischungstuch kriegt – alles nur, um diese kostbaren Meilensteine zu sammeln, damit ich von der Wolpers-Klasse in die First aufrücken konnte, ohne den ohnehin schon so großzügigen Gebührenzahler auch nur mit einem einzigen Pfennig zu belasten. So, jetzt weißt du's, ›taz‹, und jetzt solltest du dich schämen.

Bleibt die letzte Frage, warum wir dann in getrennten Maschinen fliegen. Jetzt, da alles geklärt ist, wäre das doch ganz einfach: Ich sitze oben vorne, das Team unten hinten, und aus.

So einfach ist das aber nicht. Denn das verträgt sich nicht mit meinem sozialen Gewissen. Ich kann doch nicht in meinem Luxusbett entspannt die Glieder strecken, wenn ich weiß, dass im Zwischendeck meine Kumpel darben. Einmal haben wir das gemacht, und es hat mir die ganze Reise versaut, vor allem als mich Wolpers am frühen Morgen besuchte: wachsbleich, strähniges Haar, schweißgeflecktes Hemd, umgeben von einer Wolke aus Bier und Flugbenzin – da bleibt einem doch glatt der Kaviar im Hals stecken. Nur mühsam konnte ich afrikanische Mitpassagiere von einer Kleiderspende abhalten, und mein Nebenmann, der Kardinal, suchte erschrocken in seinem Brevier das Kapitel »Teufelsaustreibung«.

Nein, so was will ich mir niemals wieder antun. Seither fliege ich voraus oder hinterher. Denn wie alle anderen Menschen ertrage auch ich Klassenunterschiede, Armut und Not nur durch Wegschauen.

Das große Schwein

Ralph Regenvanu war unser Führer und Aufnahmeleiter vor Ort. Freundlich, hilfsbereit, zurückhaltend, gelassen und schweigsam, dazu auch noch bescheiden und gutmütig – also das genaue Gegenteil von Wolpers. Ganz zufällig und erst nach ein paar Tagen erfuhr ich, dass er in Australien studiert hatte und im Hauptberuf Professor für Anthropologie an der Staatsuniversität von Vanuatu war. Da erst verstand ich sein leises, ironisches Dauerlächeln, mit dem er uns bei der Arbeit zusah – es ist die einzige Waffe von Akademikern der Dritten Welt im Umgang mit weißen, zahlenden Göttern.

Ich mochte ihn schon lange im Voraus, eigentlich schon in Deutschland, als ich zum ersten Mal seinen Namen gelesen hatte. Denn »Regenvanu« klingt nicht nur wunderbar tropisch nach Regenwald, der beherrschenden Vegetation dieser Inseln, sondern hat auch gleich noch den halben Landesnamen von Vanuatu mit drin. Das verspricht Kompetenz, weckt Erwartungen und wirkt überzeugend einheimisch. Und als ich ihn dann persönlich kennen lernte, mochte ich ihn immer noch – was mir sonst recht selten passiert. Meistens ist es umgekehrt: Ich erwarte Giganten und treffe auf Dorftrottel, vor allem, wenn Wolpers sie angeschleppt hat. Wahrscheinlich macht er das, um selber besser dazustehen, deshalb verzeihe ich ihm. *(Ich habe das eben noch mal gelesen: Ich verzeihe ihm doch nicht. Weil aber die Gefahr besteht, dass ich ihm beim nächsten Durchlesen wieder verzeihe, habe ich diese Stelle markiert und werde sie nie mehr lesen. Sonst geht das ewig hin und her.)*

Freiwillig rückte Ralph Regenvanu allerdings nichts heraus, nicht die kleinste Information, nicht mal den Wetterbericht. Man musste alles erfragen. Aber was man ihn fragte, beantwortete er offen und direkt, ohne Zimperlichkeit und ohne Empörung, wie das sonst immer wieder passiert, wenn überempfindliche Einheimische die Neugier des Chronisten als Bloßstellung oder kulturelle Kampfansage missverstehen. Trotzdem brauchte ich einige Tage, bis ich es wagte, das heikelste Thema Vanuatus anzusprechen: den Kannibalismus.

»Ja«, sagte Ralph Regenvanu und lächelte wie immer, diesmal aber ohne Ironie, »wir waren Menschenfresser.« Als ich ihn ansah, bemerkte ich die Verwandlung: Vor mir stand nicht mehr mein Aufnahmeleiter, sondern mein Koch.

Zum Rüstzeug unserer kulturellen Überlegenheit gehört die Überzeugung, dass Kannibalismus was ganz, ganz Schlimmes ist. Du sollst deinen Nächsten nicht fressen. Töten schon, das ist was ganz anderes, das muss manchmal sein, von Staats wegen, oder wenn einer bei Rot über die Straße läuft. Oder im Krieg. Da passiert es schon mal, dass man den Feind schlachtet, metzelt und ausrottet, dass man ihn vorher rädert, köpft, verbrennt, ertränkt und zerstückelt, darauf beruht schließlich die Geschichte der Zivilisation. Man darf ihn nur nicht aufessen. Das ist primitiv.

In Vanuatu, besser gesagt in den alten Neuen Hebriden, aß man seinen Feind ganz offen und ehrlich, als festen Bestandteil von Kalorienhaushalt und öffentlicher Ordnung. Nicht dass ich diesen Brauch auch für die Europäische Union vorschlagen will. Aber ich kann mich darüber nicht aufregen. Für mich ist Kannibalismus nicht mehr, aber auch nicht weniger grausam als das, was wir selber in den letzten paar Jahrtausenden unserer Geschichte getrieben haben, aber zusätzlich wenigstens nahrhaft.

Nun gibt es nicht wenige Ethnologen, die behaupten, die Menschenfresserei wäre pure Legende, und Anthropophagen habe es zu keiner Zeit in keiner Kultur gegeben, von ein paar Irren sowie Hannibal Lecter abgesehen. Der Gegenbeweis ist schwer anzutreten, denn schriftliche Überlieferungen gibt es in Vanuatu nur aus zweiter Hand, was ja auch verständlich ist: Wer immer als christlicher Seemann, Sklavenhändler oder Missionar bei einer solchen Mahlzeit dabei war, war hinterher rasch verdaut; Überlebenschancen hätte er nur als Mitesser gehabt – und wer würde das jemals zugeben. Andererseits kennt man von keiner Gegend der Welt mehr Berichte über Kannibalismus als von Melanesien, und hier wiederum vor allem von der geheimnisvollen Vanuatu-Insel Malekula mit ihren unzugänglichen Bergen und Schluchten, die in den Tourismus-Prospekten ganz offen als »Menschenfresserland« angepriesen wird. Auch die selbstverständliche Art, wie sich die Einheimischen bis hinauf zum Anthropologie-Professor dazu bekennen, spricht für den Wahrheitsgehalt. Oder verarschen sie uns nur, und der Kannibalismus der Melanesier ist genauso eine lächerliche Tourismus-Legende wie die Warmherzigkeit der Österreicher?

Ich glaube nicht. Die freundlich musternde Neugier, mit der man uns immer wieder begegnete, die liebevoll prüfenden Blicke auf das fettlose Muskelfleisch von Erik, dem Friesenkämpfer, sowie die Geringschätzigkeit, mit der man die Dörrwurst Wolpers überging, hat mich überzeugt: Mit der gleichen Einstellung gehe auch ich jeden Samstag über den Marktplatz auf der Suche nach Hähnchenbrust und Rotbarschfilet. Die Phrase »zum Fressen gern« erhielt für mich eine neue Bedeutung.

Die Grundregeln des melanesischen Kannibalismus sind von zwingender Klarheit und ähneln in ihrer Struktur den Regeln der freien Marktwirtschaft: Wer einer anderen Dorfgemeinschaft angehört und eine andere Sprache spricht, gilt als Feind; jede Begegnung mit ihm, und mag sie noch so zufällig und harmlos sein, wird als Grenzüberschreitung und Tabu-Bruch angesehen, und dafür gibt es nur eine Lösung: Er wird getötet und verspeist. Friedliche Zusammenkünfte zwischen den Dörfern oder gar Zwischenheiraten sind nur im Rahmen langer, komplizierter und sorgfältig vorbereiteter Feste möglich – war das bei uns nicht bis vor kurzem genau so?

Die Missionare bemühten sich natürlich redlich, eine Diätumstellung von menschlichen auf tierische Fette zu erwirken, erreichten aber eher das Gegenteil. Denn die Bekehrten vermochten einfach nicht einzusehen, dass man Brot und Wein erst umständlich in Fleisch und Blut verwandeln müsse, wo doch das echte Zeug zu haben ist. Dazu kam, dass die Missionare selber als ganz besonderer Leckerbissen galten. Denn während einheimisches Fleisch von Sonne und harter Arbeit meist lederhäutig und zäh war, erwies sich christliche Importware als zart und rosig, von den Knien abgesehen, die man ein paar Tage lang in Salzwasser aufweichen musste, wegen der Knubbel vom vielen Beten. Durch die Missionare sei man erst richtig auf den Geschmack gekommen, lautet eine lokale Anekdote. Und damit keiner denkt, dass dies alles Urzeiten zurückliegt: Der letzte, amtlich belegte Fall von Kannibalismus in Vanuatu geschah 1969.

Dass es in Melanesien so viele Sprachen gibt – allein in Vanuatu mehr als hundert bei nicht mal 200 000 Einwohnern – gilt als direkte Auswirkung des Kannibalismus. Denn die Dorfgemeinschaften lebten streng abgeschottet von einander, in ständiger kriegerischer Auseinandersetzung. Ein falsches Wort war meist auch schon das Todesurteil für den Sprecher, für einen Übersetzungsversuch blieb gar keine Zeit. Allein auf einer einzigen großen Insel wie Malekula konnten sich daher mehr als zwei Dutzend Sprachen behaupten, die untereinander kaum oder gar nicht verständlich waren. Nicht selten brauchte Ralph Regenvanu zwei oder drei Unterdolmetscher, die wie bei der stillen Post meine Fragen in einer Kette weitergaben und die Antworten rückübersetzten – ein simples »Nein« ließ da schon mal zehn Minuten auf sich warten. Und verneint wurde ständig, denn jede Insel hat ihre eigenen strengen Tabus, vor allem, was die Wege betrifft. Das Betreten bestimmter Dschungelpfade kann bösen Unfrieden bis hin zum Krieg erzeugen, vieles darf man nicht berühren, manches nicht mal anschauen, und der tägliche Umgang miteinander ist mit mehr Regeln belastet als eine Papstkrönung.

Als erste richtige Expedition außerhalb der Hauptstadtinsel Efete hatte Ralph eine Reise zum Dorf der Yaohnanen auf der Insel Tanna empfohlen, und es war eine gute Wahl. Denn Tanna ist mit dem Postflugzeug fast täglich erreichbar, hat ein Hotel und einigermaßen passable Straßen, so dass man mit dem Geländewagen bis in die unmittelbare Nähe des Dorfes gelangt – wobei der Begriff »Nähe« in dieser Gegend etwas anders ausgelegt wird als bei uns: Ein Tagesmarsch gilt als »nah«, ein halber als »ziemlich nah«, und wenn von »unmittelbarer Nähe« die Rede ist, ist man meistens schon nach zwei lächerlichen Stunden über Saumpfade, Sümpfe und Dornengestrüpp am Ziel.

Wolpers hatte mich dafür in ein von ihm erfundenes Südsee-Outfit gezwungen, das ich auch in Efete schon ein paarmal getragen hatte: Riesenstrohhut, ausgelatschte Stoffschuhe, Leinen-Shorts und weißes Hemd, das Letztere ewig ungewaschen, denn zum Waschen gab es entweder keine Zeit oder kein Wasser. Und so sollte es auch für den Rest der Drehzeit bleiben, denn aus »Anschlussgründen« musste ich in der freien Natur immer dieselben Klamotten tragen – wir wussten ja noch nicht, wie die Szenen im Schnitt miteinander verschachtelt würden. Das Hemd wurde davon nicht unbedingt appetitlicher, es versteifte sich von Tag zu Tag und ließ sich nicht mehr aufhängen, nur noch abstellen.

Und als ich es bei der Abreise als Souvenir in den Koffer packen wollte, zerbrach es in tausend Stücke.

Flüge zwischen Tropeninseln in einer alten Propellermaschine bringen mein kleines Fliegerherz immer wieder zum Glühen. Das Spiel der Wolken, die Farben des Wassers, das üppige Dach des Regenwalds, dann wieder Vulkanfelder und Steilküsten, alles tausendmal beschrieben, trotzdem immer wieder einmalig. Ich träume dann jedesmal von den vielen anderen Leben, die ich hätte führen können, als Wanderprediger oder Gerichtsmediziner, als Hotelportier oder Kurienkardinal, als Zoowärter im Insektarium, als Notenwart bei den Wiener Philharmonikern oder jetzt, als der kleine Prinz im Postflugzeug.

Eine wunderbare Holperlandung in einer grünen Mulde, so buckelig, dass man von einem Ende der Startbahn das andere nicht sah – was für ein Glück, dass es auf der Insel pro Tag nur dieses eine Flugzeug gab und kein zweites, das sich für die entgegengesetzte Landerichtung hätte entscheiden können. Ebenso wunderbar würde am nächsten Tag auch unser Abflug sein, denn wir waren ein bisschen zu spät gekommen und sahen, wie das Flugzeug schon zum Startpunkt rollte. Da fuhren wir ganz einfach quer über den Platz hinterdrein, hupten und winkten – und tatsächlich: Der Pilot kehrte um und rollte zur Abfertigungshütte zurück. Das versuche mal jemand mit der Lufthansa!

Im Laufe der zweistündigen Autofahrt war die Asphaltstraße in Geröllpisten übergegangen, es ging ein paarmal steil rauf und wieder runter, dann ein verschlammter Pfad durch das üppige Dickicht des Regenwaldes, und zuletzt unser klassischer Gänsemarsch: allen voran Ralph Regenvanu mit unseren Geschenken in zwei Plastiktüten, gefolgt von Stephan mit der Kamera, Wolpers mit dem Stativ, der drahtige Erik mit dem tonnenschweren Rest der Ausrüstung, und schließlich, nach längerem Abstand, Feuerstein mit einem Notizblock. Letzteres war ein wenig ungewöhnlich, denn normalerweise beschwere ich mich mit keinerlei Lasten, da ich ja frisch und ausgeruht am Drehort ankommen muss. Aber bei so anstrengenden Dschungelmärschen konnte und wollte ich meinen Beitrag nicht verweigern.

Da wir angekündigt waren und ohne Frauen kamen – für Frauen ist der größere Teil jeden Dorfes verboten –, konnte auf das umständliche Begrüßungs- und Tabu-Ritual verzichtet werden. Jack Naiva, der Dorfälteste, erwartete uns unter dem großen Baum, wo sich die Männer zum Nakamal treffen, dem täglichen Abendschwatz. Er empfing uns liebenswürdig, mit viel Charme und verschmitzter Weisheit, und ich fragte mich sofort, ob ich es hier wohl auch zum Dorfältesten gebracht hätte – wobei diese Übersetzung ziemlich fragwürdig ist, denn der Älteste war Naiva bestimmt nicht. Sein offizieller Titel lautet Yeremanu oder Bigman, was man früher mal mit »Häuptling« übersetzt hätte. Aber das klingt nach Kolonialzeit und Indianerspielen, so darf man heute höchstens noch CSU-Bosse am Alpenrand nennen. Gut tausend solcher Bigmen gibt es unter den 22 000 Einwohnern Tannas, daneben noch fünfzehn weitere Rangstufen, so dass so gut wie jeder im Dorf seinen Titel hat – geradezu österreichische Verhältnisse. Der Aufstieg in der Rangordnung ist verknüpft mit der ökonomischen Macht: Wer die meisten Schweine besitzt, hat auch das letzte Wort. Ansehen und Würde kriegt man dann gratis mit dazu. Das gilt natürlich nur für Männer. Frauen haben weder Amt noch Titel, sie gehören schließlich zum Besitz. Ein Kühlschrank kann ja auch nicht Hofrat werden.

Schweine sind als eine Art Naturalwährung die Wirtschaftsgrundlage auf den melanesischen Inseln, jedenfalls in den traditionellen Dorfgemeinschaften. Je mehr Schweine, desto größer das Ansehen – aber nur, wenn man auch bereit ist, diesen Besitz zu teilen: Großzügige Feste sind die unabdingbare Voraussetzung für den gesellschaftlichen Aufstieg, und nur jener hat Bigman-Kaliber, der mindestens sieben Schweine dafür schlachtet. Und zwar selber, höchstpersönlich, jedes einzelne mit einem einzigen Keulenschlag. Nach oben gibt es keine Grenzen – jede Zahl über 20 selbstgekeulte Schweine gilt als Großtat fürs Leben und wird zum Namenszusatz: »Der Mann der 30 Schweine« zum Beispiel. Ich fürchte, unter diesen Umständen wäre ich doch kein Bigman geworden, ich bremse sogar für Küchenschaben.

Bigman Naiva selber hat es bei seinem größten Fest auf sechzehn Schweine gebracht. Zur Zeit besaß er um die 50, die meisten aber unter drei Jahre alt und somit nicht sonderlich wertvoll. Sie durften deshalb alle frei herumlaufen bis auf den sechsjährigen Eber, der in einem Sonderverschlag verwöhnt vor sich hin grunzte, auf dem Weg zum Starruhm. Man hatte ihm, wie es die Tradition verlangt, die unteren Eckzähne ausgeschlagen, so dass die oberen Hauer ungehindert wachsen konnten – und zwar im Kreis nach innen, wie sie das ganz natürlich tun, wenn von unten kein Widerstand entgegenkommt. Sieben Jahre braucht ein Vollkreis, und ein solches Tier bringt dem Besitzer großen Ruhm, nicht nur im Schweineleben, sondern auch danach, denn der ringförmige Zahn wird fortan als besonders edler Schmuck vom Schlächter um den Hals getragen, als Beweis einer Großtat, nicht unähnlich einem Kriegerorden.

Da das Schwein mit einer solchen Verwachsung nicht mehr richtig fressen kann, wird es handgefüttert und kann auf diese Weise in seltenen Fällen einen zweiten Siebenjahres-Zyklus erleben, bei dem sich die Hauer zu einem spiralenförmigen Doppelring verwinden. In noch selteneren Fällen gelingt es sogar, nach 21 Schweinejahren eine Dreifachspirale zu erzeugen, aber das ist dann ein Jahrhundertereignis von nationaler Bedeutung, und der Schlächter und Träger wird zur Legende. Aber davon war Naivas Sechsjähriger Welten entfernt.

»Was für ein großes Schwein«, sagte ich voll höflicher Bewunderung.

»Nein«, lachte der Bigman und fügte die einzigen drei deutschen Worte hinzu, die er kannte, »du großes Schwein.«

Nun bin ich alles Mögliche, nur nicht groß, und deshalb doch ein bisschen erstaunt über seine Anrede. So gut kennt der mich doch gar nicht. Aber dann erfuhr ich, dass »großes Schwein« ein kulinarischer Begriff ist. Nämlich die Bezeichnung für »Mensch« auf der Kannibalen-Speisekarte. Essbarer Mensch.

Ich wurde nachdenklich und stellte mich vorsichtshalber hinter den mit Sicherheit nahrhafteren Erik.

Der große Unterschied

Zoten zu reißen und darüber zu grölen ist so ziemlich die einzige Möglichkeit für uns Hetero-Männer untereinander, Potenz und Interesse an sexueller Aktivität zu beweisen; es ist nicht üblich, sich in der Öffentlichkeit erigierte Glieder zu zeigen. In Vanuatu hingegen trägt man zu diesem Zweck den Namba. In den Ausführungen »klein« oder »groß«.

»Penis sheath« sagen die englischsprachigen Ethnologen dazu, also Penis-Scheide, was irgendwie widersprüchlich klingt, weshalb die Logik orientierten deutschen Wissenschaftler »Penis-Köcher« bevorzugen – was aber auch wieder nicht ganz stimmt, denn in einem Köcher stecken gewöhnlich mehrere Pfeile, in einem Namba aber nur der eine. Dabei wird der Penis mit einem breiten Blatt der Pandang-Palme umwickelt, am Ende verknotet und mit Halmen an einem schmalen Bauchgürtel befestigt, so dass das Ganze nach oben ragt, was schon mal recht eindrucksvoll aussieht und an den alten DDR-Spruch »Immer bereit« erinnert. Trotzdem gilt das nur als »Kleiner Namba«, und so nennen sich deren Träger auch selber, unabhängig von ihrer sprachlichen Zugehörigkeit. Die »Großen Nambas« hingegen benutzen gleich mehrere Palmenblätter, dazu Bast und Rinde nebst komplizierten Verknüpfungen, und bringen es so auf eine Köcherlänge bis zu einem halben Meter.

Auch bei den Frauen ist die Länge der Kleidung der entscheidende Unterschied: Bei den Kleinen Nambas trägt man einen kurzen Rock aus Raffiabast um die Hüfte, ähnlich dem klassischen Hula-Kostüm von Hawaii. Bei den Großen hingegen wird der Faserrock nicht um die Taille gebunden, sondern um die Stirn, wie eine Haube; er ist entsprechend länger und reicht bis unter die Hüfte. Es ist wichtiger, vor Fremden das Gesicht zu verbergen als den Rest der Körpers – die Faserhaube in der Öffentlichkeit abzunehmen, wäre ein arger Tabuverstoß und brächte Unglück über das ganze Dorf.

Auf Malekula, mit 2000 Quadratkilometern die zweitgrößte Insel Vanuatus, leben die Großen und die Kleinen Nambas auch heute noch auf engstem Raum nebeneinander – völlig unterschiedliche Sprachen und Traditionen oft nur durch ein Tal oder eine Hügelkette getrennt. Man findet sie allerdings nur im Inneren der Insel, im schwer zugänglichen Dickicht der Regenwald-Berge; an der Küste, wo mehr als drei Viertel der Bevölkerung leben, geht man angezogen.

Ganz klar, dass wir zu den Großen Nambas wollten, allein schon im Interesse der Bildberichterstattung, denn so was sieht man ja nicht mal bei Lilo Wanders. Aber Ralph Regenvanu riet uns davon ab: Amokh, die »Hauptstadt« der Big Nambas im Norden Malekulas, sei in den letzten Jahrzehnten arg geschrumpft, von ehemals mehreren hundert Bewohnern auf ein knappes Dutzend heute. Zwar residiert dort immer noch der Meleun, der oberste Bigman aller Großen Nambas – im Unterschied zu den anderen Dorfgemeinschaften Vanuatus, die ihre Anführer wählen, gibt es hier eine Art Erbkönigtum –, aber der Große Alte namens Virambat sei schwierig und unverschämt: Jedes Foto kostet 1000 Vatu, also etwa 20 Mark, bei Gruppenbildern wird pro Namba kassiert, Frauen die Hälfte, der Bigman das dreifache, und mit der großen Videokamera das Ganze zum Quadrat. Das könnte sich der WDR zwar gerade noch leisten, doch Wolpers meinte mit Blick auf mich, EIN geldgeiler Greis pro Reise wäre eigentlich genug.

Ein zweites Argument Ralphs gab den Ausschlag: Die Fahrt nach Amokh sei lang und beschwerlich, eine vorherige Verabredung mit Wirambat aber mangels Telefon oder Funk unmöglich; er könne sich gerade im Busch aufhalten oder in einem Nachbardorf, und dann würden wir ihn niemals finden, denn es ist tabu, Fremden den Aufenthaltsort des Chefs zu verraten, ohne diesen vorher um Erlaubnis zu fragen ... und das kann man nicht, denn er ist ja nicht da.

Also entschieden wir uns für die Kleinen Nambas, was aber auch nicht so einfach war, denn diese mussten sich erst mal für uns entscheiden. Auf Tanna, im Dorf der Yaohnanen, die sich ebenfalls zu den Kleinen Nambas zählen, war das kein Problem gewesen. Die Tabus sind dort locker, die Menschen zugänglich und Chef Naiva welterfahren – immerhin waren wir schon die zweiten Deutschen in den letzten zehn Jahren. Anders im wilden Malekula. Zwar gibt es dort ziemlich viele Namba-Dörfer, meist Großfamilien von 20 bis 30 Menschen, aber sie legen Wert auf Tradition und Tabu; Fremde sind nur selten willkommen, Fernsehkameras gar nicht. Manche lassen nicht mal den Arzt ins Dorf, weil es Krankheit in ihren Augen gar nicht gibt: Wer krank ist oder einen Unfall hat, wurde unweigerlich verhext, da können nur Geister helfen; und wer alt ist, muss ohnehin sterben, da sind auch die Geister machtlos.

Mit leuchtenden Augen verkündete Wolpers, das ideale Dorf gefunden zu haben, gar nicht so weit von der Küste entfernt. Als ich den Namen hörte, kriegte ich Herzkrämpfe: »Custom Village«, das »Brauchtums-Dorf« – ein Name, der meilenweit nach Freizeitindianern und Plastik-Kostümen riecht, sowie Pauschaltouristen, die beim Schlusstanz mithopsen dürfen. Ich feuerte Wolpers auf der Stelle – zum fünften Mal auf dieser Reise –, doch Ralph Regenvanu beruhigte mich: Es ist ein echtes Dorf mit echten Bewohnern im echten Regenwald-Dschungel. Einziger Schönheitsfehler: Einige der jüngeren Kleinen Nambas arbeiten zeitweilig in der Stadt, tragen dort Jeans und werden deshalb von den Ethnologen nicht mehr als authentisch anerkannt.

Ach, wissen Sie, die Ethnologen. Die haben ja immer schon Anthropologie mit Tierschutz verwechselt. Am liebsten würden sie die unerforschten »Primitiven« in Käfigen halten. Zwar mag es unerfreulich sein, wenn die jungen Menschen von den alten Sitten zur modernen Lebensart

Von diesem Südsee-Outfit hatte ich nur eine Garnitur. Nach vierzehn schweißtreibenden Tagen zersetzte sich das Hemd und zerbröckelte dann. Die Hose steht heute noch als Mülltonne auf dem Flughafen von Port Vila.

Schon auf Sylt hatte ich ein Problem damit: Ich kann nackten Menschen nicht in die Augen schauen.

Bei den kleinen Nambas von Malekula. Gleich werde ich mich ausziehen und mit ihnen tanzen. Aber erst, wenn Sie umgeblättert haben.

Ichff harrlsse darls Warrlsser, aberrl Wommpfls zwlinkt mirrlch dazurrl.

Q-rlll grrllgl blrr gblqrrl, mrgll qrrrll?

überlaufen, aber das ist nun mal der Lauf der Dinge. Zu den Menschenrechten gehören nicht nur Freiheit, Würde und Bildung, sondern auch Cola, Fritten und MTV, was immer man davon halten mag. Der freie Wille darf sich auch für den persönlichen Untergang entscheiden, zur Steinzeit kann niemand gezwungen werden.

Während man in den anderen Dörfern im Inneren Vanuatus meist nur alte Leute und Kleinkinder findet, gäbe es in diesem Custom Village auch jüngere, versprach uns Ralph, die die alte Lebensweise wenigstens zeitweilig pflegen wollen und nichts dagegen haben, andere daran teilnehmen zu lassen – vorausgesetzt, man hält sich an die Regeln ... kennt man ja so ähnlich aus Oberammergau.

Also machten wir uns auf den Weg ins Custom Village, zu einem großen Fest. Nur für uns.

Im Unterschied zu Tanna hat der Flughafen von Norsup eine richtige Asphaltbahn, ein Relikt des Zweiten Weltkriegs, als die damaligen Neuen Hebriden einen wichtigen Versorgungsstützpunkt der Amerikaner im Pazifikkrieg gegen Japan bildeten. Die Gegend rundherum ist flach, wie es sich für einen Flughafen gehört, mit üppigen, ausgedehnten Kokosplantagen. Nichts deutet auf die mörderische Gefährlichkeit hin, die der Insel nachgesagt wird, angeblich auch heute noch.

In der Vergangenheit jedenfalls war Malekula zu jeder Zeit grausam, innen wie auch außen. Innen durch die Clan-Dörfer, die mit geradezu bayrischer Hartnäckigkeit ständig Kriege gegeneinander führten; und außen durch die Kanonenboote der Kolonialherren. Dabei hatte Vanuatu lange Zeit Glück gehabt: Zwar hatten die Spanier von Peru aus schon im Jahre 1606 die Nachbarinsel Santo erreicht und diese im Glauben, den lange gesuchten Südkontinent entdeckt zu haben, »Tierra Australia« genannt, zu Ehren ihres Königs, der vorher Erzherzog von Österreich/Austria war; als sie aber ihren Irrtum erkannten, reisten sie nach 50 Tagen wieder ab, und die Inselgruppe verschwand von den europäischen Landkarten, mehr als 150 Jahre lang.

Erst 1766 kam das nächste Schiff, diesmal die Franzosen unter dem Weltenbummler Louis Antoine de Bougainville, dessen Name sofort das Bild des blütenreichen Kletterstrauchs wachruft, der jedes anständige Kolonialhaus von der Karibik bis zur Südsee umrankt. Nur wenige Jahre später folgte Captain Cook, der britische Ordnung schuf und der Inselgruppe den für die nächsten 200 Jahre gültigen Namen »Neue Hebriden« verordnete. Auch den einzelnen Inseln gab er ihre heutigen Namen – mit Ausnahme von Malekula; dieser Name stammt angeblich von französischen Matrosen, denen boshafte Eingeborene Nessel-Blätter als Klopapier-Ersatz reichten und die danach im Quadrat sprangen und »*Mal a cul!*« brüllten, »mein Hintern tut weh«.

Nicht um den Hintern zu wischen, sondern um seinen Arsch zu retten, kam 1792 ein anderer legendärer Seefahrer an Land: Der berüchtigte William Bligh, der Bösewicht-Kapitän der »Bounty«. Auf seiner Flucht im Einboot nach der von Hollywood geadelten Meuterei in den Tonga-Gewässern legte er hier auf dem Weg nach Timor eine Rast- und Proviantpause ein.

Nun waren die Neuen Hebriden zwar wieder auf den Landkarten zu finden, aber bedeutungsvoller wurden sie dadurch nicht. Für die Kolonialisten gab es hier nur zwei Waren von Interesse: Sandelholz und Sklavenarbeiter. Das Erstere fand man in Massen – für ein Messer oder ein Gewehr konnte man eine ganze Bootsladung des kostbaren aromatischen Holzes erwerben – kein Wunder, dass es nach wenigen Jahrzehnten restlos ausgerottet war; heute findet sich kein einziger Strauch mehr davon. Und als dann von den Wäldern der Inseln nichts mehr zu holen war, holte man seine Menschen – zu einer Zeit, als anderswo die Sklaverei schon fast überall abgeschafft war.

In der zweiten Hälfte des 19. Jahrhunderts gab es in Australien und auf den Fidschi-Inseln riesige Zuckerrohrfelder, auf Samoa Kokosplantagen und auf Neu-Kaledonien Nikkel-Minen, aber viel zu wenige Arbeitskräfte. Anwerberschiffe schwärmten daher zu den benachbarten Inseln aus mit Methoden, die nicht unbedingt gewerkschaftstauglich waren: Man legte Verträge vor, die keiner lesen konnte, hielt drei Finger hoch, und wer »Ja« sagte, wurde gleich mitgenommen – für drei Jahre in die Zwangsarbeit, meist ohne Lohn und oft ohne Rückkehr. Manche Werber ließen sich gar nicht erst auf Verhandlungen ein; mit ihren Musketen durchstreiften sie die Inseln und nahmen ganze Dörfer gefangen. Andere lockten die Menschen mit Geschenken an Bord, um sie dort sofort in Ketten zu legen.

Das führte natürlich zu Widerstand, aber auch zu Missverständnissen. Denn da die Insulaner alle Weißen für einen einzigen Stamm hielten, gab es für sie keinen Unterschied zwischen guten und bösen Europäern. Wenn gerade ein Schiff der Sklavenjäger gewütet hatte und anschließend friedliche Händler oder Missionare kamen, dann gab man den Letzteren die Schuld und verspeiste sie nach Landessitte – mit dem Ergebnis, dass kurz darauf ein Kanonenboot kam und die Dörfer zerschoss. Und so weiter, bis tief ins zwanzigste Jahrhundert hinein, mit furchtbaren Folgen: Von einer geschätzten Einwohnerzahl von einer Million um 1850 waren durch Verschleppung, Seuchen und Krieg im Jahre 1935 auf Vanuatu nicht mal mehr 50 000 übrig.

Malekula war dabei die Ausnahme. Denn hier war der Widerstand so erbittert, der Dschungel so undurchdringlich, dass die »Menschenfresser-Insel«, wie man sie nannte, von Europäern noch bis vor fünfzig Jahren nach Möglichkeit gemieden wurde. Vor allem das Bergland. Aber jetzt kamen wir.

Norsup hat immer noch ein eher französisches Gesicht: Bougainville-Sträucher und charmante Schlampigkeit statt sprödem Funktionalismus der Briten. Knapp tausend Einwohner, drei Kirchen, ein Postamt, ein Supermarkt, ein Gefängnis und ein Gästehaus mit acht Betten. Aber nicht dort wollten wir übernachten, sondern in einer vor kurzem eröffneten, kleinen Bungalow-Anlage auf einer der vielen vorgelagerten Inseln, unweit dem Dorf unserer Begierde. Es würde dort einen wunderschönen Sandstrand geben, hatte man uns gesagt, den man aber tunlichst nicht verlassen sollte, da es rundherum von Haien nur so wimmle. Jedes Jahr würde mindestens ein Schwimmer gefressen werden.

Dank der wunderbar durchdachten Planung von Wolpers kamen wir an der Stelle, von wo wir auf die Insel übersetzen sollten, erst nach Anbruch der Dunkelheit an. Das ist ganz schön ärgerlich bei dem vielen Gepäck, das man als Kamerateam nun mal mit sich schleppt, wie leicht geht da was verloren. Aber zum Glück haben Motorboote Generatoren und damit Batterien und Scheinwerfer.

Am Ufer dümpelten keine Motorboote, sondern Einbäume. Gottverdammte Einbäume, enge Zweimann-Särge, in denen man halb steht, halb hockt, mit einem lächerlichen Paddel als Antriebsmittel.

Nun rechne ich natürlich auf jeder Reise mit mindestens einem Mordanschlag von Wolpers, war aber trotzdem überrascht, weil doch erst vor drei Tagen einer stattgefunden hatte: Auf der Insel Tanna, als wir auf den Yasur-Vulkan geklettert waren und ich nach einem mit viel Angstschweiß am Kraterrand abgelieferten Aufsager feststellen musste, dass neben mir ein riesiger, noch ziemlich heißer Lavabrocken lag. Wolpers hatte mich also tatsächlich an einer Stelle postiert, wo es glühende Lava regnet, in der Hoffnung, dass die Kamera läuft, wenn ich erschlagen werde. Und jetzt beabsichtigte er, mich Haien zum Fraße vorzuwerfen. Ich hatte ihn unterschätzt.

Auch Stephan war in tiefster Sorge um seine Ausrüstung. Umständlich wurde hin und her gepackt, das meiste musste im Auto bleiben. Jeder durfte nur ein Gepäckstück mitnehmen, das man noch dazu auf dem Schoß halten musste, denn unten im Boot stand das Bilgenwasser und oben würde alles Lose bei der zu erwartenden Schaukelei über Bord fallen. Also kam das Wichtigste in eine Kiste, die Erik zugeteilt wurde, Stephan band sich die Kamera an den Leib, wie immer bereit, mit ihr in den Tod zu gehen, und Wolpers und Ralph waren für das Handgepäck zuständig – wobei ich ausnahmsweise darauf bestand, meine Tasche selber zu tragen, da ich dringend was brauchte, an dem ich mich festhalten konnte.

Inzwischen war es noch dunkler geworden, kein Mond, keine Sterne, kein Lichtlein in der Ferne als Orientierung und Hoffnungsstrahl, und als die Autoscheinwerfer erloschen, wurde es schwarz vor den Augen.

Als Fährleute, das hatte ich im letzten Licht der Autoscheinwerfer mitbekommen, warteten junge, knackige Mädchen in den Booten. Ein zartes, liebliches Geschöpf würde also vor mir sitzen und sich im Rhythmus der Ruderschläge elastisch vor und zurück biegen, Bauch an Po, im nassen T-Shirt und mit seinem aufregenden Duft nach Meerwasser und Schweiß, ganz allein in der schwülen Tropennacht des Südpazifik ... und in der Tat lernte ich in dieser Nacht etwas völlig Neues: Angst tötet Geilheit. Und zwar restlos.

Ich hockte im Boot und wartete auf den freien Fall ins schwarze Nichts, ähnlich wie beim Start der Raumrakete im Fantasialand, diesmal aber echt. Kaltes Wasser kroch die Hosenbeine hoch, das Paddel spritzte, Wellen schlugen über den Bootsrand. Erst hielt ich meine Tasche hoch, um sie vor der Nässe zu schützen, aber bald war es mir egal: Wenn ich ohnehin sterben muss, kann ruhig auch der Rasierapparat nass werden. Zwar sollten es nur 600 Meter bis zur Insel sein, aber mit ein bisschen Pech kann man bekanntlich auch in der Badewanne ertrinken. Außerdem war ich sicher, dass meine Ruderin längst vom Kurs abgekommen war – wonach sollte sie denn in der totalen Finsternis navigieren? Wir hatten ja nicht mal einen Blindenstock! Wahrscheinlich ruderten wir längst auf Australien zu, und wie schnell werden dann aus 600 Metern 2000 Kilometer!

Von den anderen hörte ich nichts mehr, nicht mal Wolpers war noch zu riechen. Trotzdem wusste ich, dass ich mit dem Mädchen nicht allein war, denn unter mir lauerten Millionen Haie. Ob sie nachts schlafen? Im Geiste blätterte ich in Naturkundebüchern, um die Antwort zu finden, konnte aber in der Dunkelheit kein Wort entziffern. Mir fiel ein, dass man in einer solchen Lage positiv denken muss, um nicht Hoffnung, Lebensmut und Verstand zu verlieren. Verzweifelt versuchte ich mir irgendwas vorzustellen, was schön und lebenswert ist ... fand aber nichts. Ob ich je meine kleinen Kinder wiedersehen würde? Mit Sicherheit nicht, denn ich hatte gar keine. Wahrscheinlich habe ich laut geschluchzt. Wie sehr ich doch das Wasser hasse und fürchte. Wenn mir wenigstens jemand die Hand halten würde. Sogar Wolpers. Nein, Wolpers nicht. Dann doch lieber sterben.

Irgendwann kamen wir tatsächlich auf der Insel an. Wir waren die einzigen Gäste. Die Bungalows waren karg, die Betten hart, die Moskitos böse ... aber das wichtigste: Der Boden unter den Füßen war fest. Das Paradies.

Ich suchte einen Spiegel, um zu sehen, ob es stimmt, dass die Haare durch ein schreckliches Erlebnis spontan ergrauen, aber dann fiel mir ein, dass sie ja vorher schon ziemlich grau gewesen waren, und ich ließ es sein. Und am nächsten Tag war die Sonne so hell, das Meer so glatt, die Landschaft so lieblich und die Küste mit dem Auto so nah, dass mir die Angst der vergangenen Nacht nur noch peinlich war. Und als uns die knackigen jungen Mädchen wieder zurückruderten, erlangte ich eine weitere Erkenntnis: Auch Peinlichkeit tötet Geilheit. Aber nicht ganz.

Lap-Lap, Tamtam und das große Geheimnis

Im Dorf erwartete man uns bereits. Alle Frauen hatten sich in einer Reihe aufgestellt, jeder von uns sollte nach melanesischer Tradition einen Blütenkranz umgehängt bekommen. Das klappte aber nicht, denn da Stephan filmte und sein Kopf dabei fest mit der Kamera verwächst, passte kein Blütenkranz darüber. Ein ähnliches Problem gab es bei Erik und seiner weit ausgestreckten Tonangel. Und die anderen beiden, Wolpers und Ralph, hatten sich hinter Büschen versteckt, um nicht ins Bild zu geraten, denn diese erste Begegnung sollte reportagenhaft echt sein, ungestellt und ohne Wiederholungen. Also hängten die Empfangsdamen nach verlegenem Zögern alle fünf Kränze um meinen Hals, was mich in den Augen der Dorfbewohner sofort in den Rang eines Super-Bigman erhob, mit vier Sklaven im Tross ... was ja irgendwie stimmte.

Da alle Augen auf mich gerichtet waren, hielt ich eine mitreißende Begrüßungsrede: Dass ich gekommen sei, um zu lernen, mit der Absicht, das Gelernte mit nach Hause zu nehmen und durch das Wunder des Fernsehens an meine Landsleute weiterzugeben. Wolpers hatte Tränen in den Augen, und ich selber war hingerissen von der Kraft meiner Worte – was für einen tollen Rundfunkintendanten oder UNO-Generalsekretär ich doch abgeben würde!

Obwohl wieder eine Übersetzerkette nötig war, kam die Rede tierisch an: Bei jedem Satz gab es Beifall und begeisterte Zustimmung der gesamten Bevölkerung. Erst viel später erfuhr ich, dass Ralph meine Herzensbotschaft komplett ignoriert hatte und stattdessen nur die Geschenke aufzählen ließ, die wir mitgebracht hatten. Aber so läuft's ja auch bei Staatsbesuchen: Man pinselt sich den Bauch, aber was wirklich zählt, ist die Wirtschaftshilfe.

Der Dorfplatz, auf dem wir empfangen wurden, sowie die umliegenden Felder sind die einzigen Stätten gemeinsamer Begegnung; für den Rest herrscht strengste Geschlechtertrennung. Hohe Palisadenzäune schützen den Tabubereich der Männer, gut versteckt und natürlich unzugänglich für uns, die Hütte der Frauen und Kinder. Dazwischen, daneben und dahinter markierte Tabuzonen von verschiedener Bedeutung: Wo man hingehen darf, wo man wegbleiben muss, wo man manchmal hingehen darf und wo man nicht mal hinschauen soll ... der Besucher hat höflich abzuwarten, wohin er geführt wird; von selber tut man am besten keinen Schritt, denn überall lauern die Geister ...

Etwa fünfzig Bewohner zählte das Dorf, davon zwanzig Männer aller Altersstufen, ebenso viele Kleinkinder und der Rest Frauen, alle schon reifer, keine jünger als 40, und das hat seinen guten Grund. Denn das traditionelle Leben ist für Frauen gelinde gesagt erbärmlich: rechtlos im Besitz des Mannes, sobald der Brautpreis gezahlt wurde, und heimatlos noch dazu, denn die Tabu-Ordnung verlangt eine komplette Trennung von der alten Familie – Eltern, Brüdern und Schwestern ist der Besuch des Dorfes strikt verboten. Trennung bedeutete früher Krieg; der einzige als legitim akzeptierte Ausweg – angeblich auch heute noch auf der Südinsel Erromango üblich – war der Selbstmord der Frau. Während die Männer den größten Teil ihrer Zeit beim Schwatz im Makanal verbringen, um das nächste Fest vorzubereiten, sind die Frauen für den Rest des Lebens zuständig, für die Feldarbeit, für Kinder, Tiere und Essen. Die Männer werden natürlich bekocht, speisen aber getrennt; nur was sie übrig lassen, geht an Frauen und Kinder zurück. Getrennt wird auch geschlafen: die Männer in eigenen Hütten, die Frauen in einer Gemeinschaftsunterkunft zusammen mit den Kindern und den Schweinen. Wenn es regnet, kommen auch die Hunde dazu.

Kein Wunder, dass die Mädchen die Dörfer verlassen, sobald sie nur können, oft schon im ersten Schulalter. Während mehr und mehr jüngere Männer freiwillig zur Traditionsgemeinschaft zurückkehren, und sei es auch nur zeitweilig, bleiben die Frauen endgültig fern; nur ihre Kleinkinder parken sie bei der Oma auf dem Land, bis sie schulreif sind. Um die Zukunft der Kleinen Nambas ist es daher düster bestellt, es sei denn, sie entwickeln sich zum reinen Männerverein: Skatbrüder unter sich oder sportlich schwul nach antikem Vorbild – läuft ja bei uns so ähnlich, seit die Frauen stärker geworden sind.

Auf dem Dorfplatz war das Festmahl angerichtet: »Lap-Lap«, das Oberlandesgericht Vanuatus, Geschmortes im Erdofen. Dabei werden Fleischstücke oder ein ganzes Hähnchen gewürzt, in Bananenblätter gewickelt und ohne Topf in einer Erdgrube mit glühheißen Lavasteinen zugedeckt, darüber Grassoden wie bei einem Kohlenmeiler. Nach ein paar Stunden ist es dann so weit. Dazu reicht man Maniokwurzeln, den großblättrigen Spinat dieser Gegend oder was sonst an Gemüse zu haben ist. Nun wäre ein ganzes Hähnchen ein bisschen wenig für ein ganzes Dorf samt Kamerateam, weshalb man sich zu unseren Ehren für ein ganzes Schwein entschieden hatte. Seit 24 Stunden schmorte es unterirdisch in einem wahren Höllenfeuer vor sich hin, aus Erdspalten drang Rauch wie vor einem Vulkanausbruch. Es roch so köstlich, dass Wolpers bereits zu würgen begann.

Ich gebe zu: Essen, mit dem Spaten aus der Erde gegraben, sieht nicht unbedingt appetitlich aus, ist aber hygienisch einwandfrei – ein Ganztags-Feuer ist der sichere Tod auch für die widerstandsfähigste Bakterie. Außerdem gab es sowieso kein Zurück: Jedes Zögern oder gar eine Ablehnung wäre eine schlimme Beleidigung für den Gastgeber gewesen, das kennen wir ja auch zu Hause vom Besuch bei Onkel und Tante.

Zum Glück bin ich, was das Essen anbelangt, kein bisschen zimperlich – im Gegenteil: Mir schmeckt so gut wie alles. Als Magen habe ich keine Gourmet-Vitrine, sondern einen schlichten Überlebenssack – da kann ich so ziemlich alles reinstopfen. Und da das Auge bei mir nicht mitisst, weil ich bei Tisch sowieso lieber Zeitung lese, habe ich auch mit dem Aussehen der Speisen kein Problem. Durch Selbstgekochtes bin ich ohnehin das Schlimmste gewöhnt.

Wolpers hingegen, so gestand er mir selber, wurde von seiner Mutter mit sterilem Vogelfutter aufgezogen, was erstaunlich ist, da er in Körperform und Verhalten eher einem Insekt gleicht. In der Schulzeit bekam er allmählich Zugang zu Pizza und Pommes, doch erst nach seinem Abitur hatte er seine erste Begegnung mit menschlicher Nahrung, mit der er sich aber bis heute nicht anfreunden konnte – ein böses Problem auf unseren Reisen, da gemeinsames Essen nicht nur die wichtigste, sondern auch die versöhnlichste Kommunikation zwischen fremden Kulturen darstellt. Aber was immer uns angeboten wurde, lehnte Wolpers rigoros ab. Oft schien er tagelang nichts zu essen, aber bei meinen regelmäßigen Razzien in seinem Hotelzimmer entdeckte ich immer wieder schmierige Pizzareste, und unter dem Mikroskop finden sich auch heute auf seinen Abrechnungen Hamburgerspuren, weiß der Teufel, wo er das Zeug immer herkriegte. Stets gab es Ärger mit Wolpers, wenn wir irgendwo zu Gast waren. Hartnäckig verweigerte er jeden Bissen und machte sich dadurch noch unbeliebter, als er es ohnehin schon durch sein Erscheinungsbild war. Aufkeimende Empörung der Gastgeber konnte ich nur durch Lügen beschwichtigen, wie zum Beispiel, dass er ein religiöser Fanatiker sei, der gerade ein Fastengelübde abgelegt habe, damit er nicht ständig an Sex denken müsse, oder ein Drogenkurier, dessen Gedärme gerade mit Koks-Kondomen gefüllt wären, oder überhaupt kein Mensch, sondern eine seltene Hunderasse. Wobei das Letztere eigentlich gar keine Lüge ist.

Während Wolpers hinter den Büschen würgte, holten wir brutzelnde Schweinebrocken aus dem Inneren der Erde. Im

Verhältnis dazu, wie Lap-Lap aussah, schmeckte es gar nicht so schlecht. Ob man auch Menschen so zubereitete? »Nein, die waren dafür nicht fett und saftig genug«, kam die Übersetzung. »Die röstete man auf dem Scheiterhaufen.« Der berüchtigte Kannibalenkochtopf, so erfuhr ich bei dieser Gelegenheit außerdem, ist reine Legende.

Wie es sich für gute Gäste gehört, ließen wir genug Lap-Lap übrig, damit auch die Frauen und Kinder satt werden konnten. Dann begaben wir uns zum Makanal, zum Herrenkränzchen am großen Tanzplatz. Aber die Unterhaltung kam nur stockend in Gang. Durch die vielen Zwischenübersetzer wurde sie doch recht mühselig. Erschwerend kam hinzu, dass man nach örtlicher Sitte den Bigman nicht direkt ansprechen durfte, sondern nur über den Umweg seines Sprechers, der als Wächter vor der Chefhütte saß. Nach jeder übersetzten Frage wetzte er rein, und nach einer Weile kam er mit der Antwort wieder raus ... eine recht umständliche Prozedur, die mich stark an die Ausländerbehörde in Frankfurt erinnerte, als ich noch Österreicher war und regelmäßig meine Aufenthaltserlaubnis verlängern musste. Es war daher sehr erlösend, als jemand auf das halb im Boden vergrabene Tamtam einzuschlagen begann, die große Tanztrommel, Ankündigung und Einladung zum Festtanz der Kleinen Nambas.

Da machte ich einen schweren Fehler. Ich fragte nämlich voller Unschuld, ob ich mittanzen dürfe.

Sofort lief der Sprecher-Wächter zum Boss, und sofort war er wieder da. Er verkündete strahlend: »Ja.«

Munter wollte ich mich in die Formation einreihen, die sich der Größe nach gebildet hatte, als dritter von links zwischen dem Zwölf- und dem Vierzehnjährigen. Aber der Bigman persönlich trat dazwischen: »Tabu!«

Nach längerem Übersetzer-Palawer erklärte mir Ralph das Problem: Die Erlaubnis, beim Geistertanz der Männer mitmachen zu dürfen, sei eine große Ehre und dürfe auf keinen Fall ausgeschlagen werden. Es wäre aber der Wille der Geister, dass nur Nambas daran teilnehmen; also müsse ich meine westliche Kleidung ablegen und gegen den Palmenwickel tauschen. Den Penisköcher.

»Ausziehen! Ausziehen!«, begann der blöde Wolpers sofort zu schreien, und da Blödheit ansteckend ist, stimmte auch Stephan ein: »Ausziehen! Ausziehen!«

Nun bin ich in dieser Hinsicht nicht prüde und würde mich ohne zu zögern nackt vor die Kamera stellen, wenn es denn der Kunst dient – für den ›Playboy‹ habe ich so was allerdings immer strikt abgelehnt. Und aus Jux, zur Belustigung von Wolpers, damit er dann im Schnitt damit Unfug treiben oder das Material gar an RTL 2 verkaufen könnte, kommt das erst recht nicht in Frage. Also hielt ich eine sachliche, ruhige Ansprache an das Team, mit der Bitte, ausnahmsweise mal vernünftig zu bleiben. Denn für unseren Film wäre so eine Szene nur peinlich; sie würde wie die Verhöhnung einer respektablen Kultur wirken, wenn beim magischen Geistertanz der Nambas ein lächerlicher weißer Gnom durch die Gegend hopst.

»Wir würden so was niemals filmen!«, heuchelte Stephan mit bereits angesetzter Kamera, deren Rotlicht schon strahlte wie eine Laterne im Puff. »Stimmt, so was würden wir niemals tun!«, schwor Wolpers, der aus der Gerätekiste die digitale Zweitkamera rausgekramt hatte und ebenfalls auf Teufelkommraus drehte. Und selbst der schweigsame Erik quälte sich ein verlogenes Geräusch ab, das so ähnlich wie »Niemals!« klang.

Ralph war auch keine Hilfe, sondern betonte immer nur,

dass ich diese Ehre auf gar keinen Fall verweigern dürfe. Als ich ihm sagte, ich würde eher sterben, als meinen Pimmel vor den Augen der Öffentlichkeit in einen Palmwedel zu verwandeln, versuchte er mich mit dem idiotischen Argument zu beruhigen, dass das ja gar nicht meine Aufgabe sei – das würden vielmehr die jungen Nambas mit mir machen, die beiden Kleineren hinter mir, ganz diskret, in der Tabu-Hütte der Männer.

Das hätte mir gerade noch gefehlt, Doktorspiele mit zwei Knaben! So leicht lasse ich mich nicht einwickeln. Wie leicht könnte das ein böses Ende nehmen! Wo doch so was Ähnliches erst kürzlich einem amerikanischen Ethnologen zum Verhängnis wurde, zwar nicht hier in Vanuatu, aber im gar nicht so weit entfernten Papua-Neuguinea. Als rastloser Forschergeist hatte er sich auf kühne Namba-Selbstversuche eingelassen und in seinem Tagebuch genau aufgeschrieben, was die Knaben so alles mit ihm trieben, und dazu auch noch, wie viel Spaß ihm das gemacht hatte. Prompt wurde nach seiner Rückkehr das Tagebuch gefunden – und jetzt sitzt er als Kinderschänder im Gefängnis. Und so was soll ich riskieren? Nur weil Wolpers »Ausziehen« grölt? Schon mit der Kamera in der Hand?

Unsere heftige Diskussion hatte inzwischen die Aufmerksamkeit der Nambas erregt, die ihrerseits zu diskutieren begannen. Laut und in mehreren Sprachen redeten jetzt alle durcheinander wie auf einem Kirchenkonzil, wenn es um die Heilslehre geht. Da hatte ich endlich den entscheidenden, rettenden Einfall. In zwei Teilen: Einfall A und Einfall B.

»Ja, ich tanze nackt«, verkündete ich Einfall A, und die Wucht meiner Worte bedurfte keiner Übersetzung – die Männer verstanden. Atemlose Stille setzte ein.

»Ja, Freunde, ich tanze nackt«, wiederholte ich, weil man solche Sätze ja nur ganz selten im Leben sagen kann, »aber des Namba-Kostüms bin ich nicht würdig, denn ich wurde nie in eure Männergemeinschaft aufgenommen.«

Damit spielte ich auf die langen, komplizierten Initiazionsriten der Nambas an – einen Monat lang müssen die zehnjährigen Knirpse ungeschützt im Buschwald verbringen, dabei werden sie von allen getriezt und gequält; wer das nicht aushält, darf später nicht heiraten . . . also genau umgekehrt wie bei uns, wo man erst heiratet und dann getriezt und gequält wird, und zwar jahrelang.

Mein Argument wurde nach kurzer Beratung akzeptiert: So soll es sein, entschied der Bigman; Feuerstein tanzt mit, ohne Kleider natürlich, aber auch ohne Palmenblatt. In der Kinderabteilung, gewissermaßen. Kenne ich vom Klamottenkauf.

Stephan setzte sofort die Kamera an und Wolpers hatte bereits ein neues »Ausziehen!« auf seinen boshaften Lippen, als ich mit Einfall B ihre schmutzigen Hoffnungen brutal vernichtete: Der Tanzplatz gehört allein den Nambas, erklärte ich; wer hier verweilen wolle, müsse sich ebenfalls ausziehen. Denn ich wusste genau: Dazu waren diese Feiglinge niemals bereit.

Genau so sah es auch der Bigman: Wer seinen Namba nicht zeigt, ist vielleicht eine verkleidete Frau oder ein böser Geist. Oder beides. (Wolpers?) Auf alle Fälle hat er hier nichts zu suchen. Also raus mit den Spinnern aus der Tabuzone!

So wurde ich zum Kleinen Namba. Wie klein, ist immer noch mein großes Geheimnis, denn filmen durften sie nur hinter dem Palisadenzaun. Und da sieht man meinen Kopfschmuck baumeln. Sonst nichts.

Blong

»Blong« ist die Kurzform von *belong*, »gehören«, und zugleich das wichtigste Wort in Bislama, der Nationalsprache Vanuatus.

Ein winziges Land mit vielen Sprachen ist immer ein Problem, das zeigt ja schon das abschreckende Beispiel der Schweiz. Bei über hundert Sprachen wie in Vanuatu musste es zwangsläufig eine überregionale Lösung geben, um zu verhindern, dass jede Briefmarke hundert Aufschriften trägt und im Parlament hundert Simultandolmetscher sitzen müssen. So kam es, dass eine Art Pidgin-Englisch, die grammatiklose Einfach-Verständigung in aller Welt, in Vanuatu zur Landessprache erhoben wurde.

Bislama, das so viel wie Seegurke oder Meeresfrucht heißt, ist wie die koloniale Vergangenheit des Landes eine Mischung aus Englisch, Französisch und ein bisschen Polynesisch und hat durch ihre simple Logik einen geradezu poetischen Charme. Dazu ist sie mit einem Vokabular von nicht mal 2500 Wörtern schnell zu lernen, und mit der Aussprache ist es auch nicht so schlimm: Man spricht wie man schreibt, aber man muss sich nicht daran halten. Es gibt Gegenden, da klingt das v wie ein b oder das s wie ein sch, oder umgekehrt, wie's eben gerade gefällt – keine andere Sprache der Welt kommt meiner undeutlichen Aussprache so sehr entgegen.

Zwar wird rasend schnell geredet, doch alles Geschriebene lässt sich mit Fantasie, Logik und etwas Englisch relativ leicht verstehen. Wir Weißen sind der *waetman* (Doppelvokale wie *ae* werden getrennt ausgesprochen und machen so das Englische *white* hörbar), gut heißt *gud*, schlecht *nogud*, ein bisschen *lelebet (little bit)* und wässriger Durchfall *sitsitwota*, wobei sich jeder je nach Empfindlichkeit und Art des Durchfalls entscheiden kann, ob der erste Teil doppelt langes Sitzen bedeutet oder die doppelte Menge Scheiße. Und wenn es komplizierter wird, hilft *blong*, denn es stellt die Zusammenhänge her: *Woman blong man* ist natürlich eine Ehefrau und ein *glas blong loklok big* ein Fernglas. Aber was ist Klavier? Laut dem Lonely-Planet-Reiseführer bedarf es dafür einer kleinen Kurzgeschichte: *samting blong waetman wetem blak mo waet tut, sipos yu kilim, hem i save krae aot* – »etwas, das Weißen gehört, schwarz-weiße Zähne hat, und wenn man draufhaut, schreit es auf«. Ich finde, trefflicher lässt sich ein Klavier nicht beschreiben. Höchstens vielleicht in der Inuit-Sprache, wo das Wort wahrscheinlich wie eine Sonate von Beethoven klingt, aber gut doppelt so lang ist.

Bislama, obwohl sehr jung, ist eigentlich eine Ursprache. Die Grundwörter stehen für sich allein, nur durch Reihung und Zusammenhang erhalten sie ihre bestimmte Bedeutung. So sprechen wir als Kinder – »Ich Wehweh! Du böse!« – aber auch, wenn wir in einer Fremdsprache hilflos sind und die Grammatik aufgeben: »Wo Bahnhof sein?« »Wo kriegen Ticket?« So klingt aber auch die Sprache der Macht gegenüber Unterlegenen. Robinson redet so zu Freitag – »Du mir dienen!«, und Grenzschützer zu Asylanten, auch wenn diese Hochschulprofessoren sind: »Du raus müssen!«

Gerade wegen ihrer Einfachheit erfordert Bislama viel Fantasie. Vor allem wenn man höflich sein will, denn dann muss man umschreiben und verzieren. Manche Wörter, die bei uns eben nur Wörter sind, malen regelrechte Bilder. So wird aus Schamhaar »Menschengras«, *gras blong man*. Und ein Franzose heißt in geradezu lyrischer Unschuld *waetman wiwi*, ein Weißer, der »oiu, oiu«, sagt. Schade, dass wir nicht lange genug da waren, um zu erfahren, wie man Wolpers nennen würde. *Greenman blong kompost?*

Es gibt keine Konjugation, Deklination oder sonstige Deformation. Machen heißt *makem*, wenn man gerade was gemacht hat, sagt man *maken finis*; wenn von der Vergangenheit oder Zukunft die Rede ist, gibt man einfach die Zeitbestimmung dazu, – *makem las wik* oder *makem nekis yia*, letzte Woche oder nächstes Jahr, ist ja auch gleich viel deutlicher. Ebenso einfach und klar ist das Schild vor der Kneipe: *Tabu blong smok insaed,* Rauchen drinnen verboten. Bei einem anderen populären Schild ist die Bedeutung nicht ganz so klar; aber wenn man erfährt, dass *bot* für »boot« steht, für Schuhzeug insgesamt, und *sat* für »shirt«, das Hemd, dann versteht man sie sofort: *No gat bot, no gat sat, no gat sevis!* Wer keine Schuhe oder kein Hemd anhat, wird nicht bedient. *Finis.*

Zuletzt noch zwei wichtige Hinweise für Sextouristen. Erstens: *Puspus* heißt Sex allgemein, *hambag* außerehelicher Sex und *plei* Spiel, sowohl im Bett als auch auf dem Fußballfeld – also aufpassen, dass es kein Durcheinander gibt. Und das Wort für Kondom lautet in Bislama *rubba blong fak-fak.*

Zweiter Hinweis: Fahren Sie erst gar nicht nach Vanuatu. Da werden Sie niemanden finden.

Das Wunder des Glaubens

Morgen kommt der Hubschrauber. Das hatten wir gleich bei der Ankunft in Vanuatu erfahren, und das war unerhört wichtig für uns, denn die Eröffnungsszene hing davon ab. Sie war die einzige, die wir vorgeplant hatten, im Unterschied zu allen anderen Geschichten, die sich vor Ort ganz von allein entwickeln sollten. Denn es ist sinnlos, in fremde Länder mit einem vorgefassten Drehbuch zu fahren, das würde nie funktionieren, da mindestens die Hälfte aller Pläne, Ideen und Absichten entweder gar nicht zu verwirklichen ist oder völlig anders umgesetzt werden muss, als man sich das zu Hause am Schreibtisch so ausgedacht hat.

Um den Filmen ein einheitliches Gesicht zu geben, eine Art Markenzeichen, sollten sie alle gleich anfangen: Mit einem weiten, offenen Landschaftsbild, in dem wir rasant auf einen fernen Punkt zu fahren, der sich schließlich, nachdem der ganze Titelkram untergebracht ist, als Feuerstein entpuppt, vor der großen Karte des jeweiligen Landes. Und so was geht nur mit Hubschrauber.

Die große Karte, wasserfest aufgezogen, hatten wir mitgebracht, ebenso einen neuen Rahmen – die Trümmer des alten liegen bekanntlich im ewigen Eis von Alaska und werden, wenn sie an irgendeinem Tag der nächsten Jahrhunderte in der Bucht von Valdez herausschmelzen, mit Sicherheit ähnliches Aufsehen erregen wie seinerzeit Ötzi in den Alpen. Morgen würde der Hubschrauber kommen, das war vertraglich vereinbart, und der ideale Landschaftspunkt für die Anfangstotale war ebenfalls schon festgelegt. Mit Absicht hatten wir diese Szene an den Beginn unserer Arbeit gestellt, denn wenn man einen gelungenen Anfang im Kasten hat, ist schon mal eine Menge Druck weg, und man kann dann gleich viel unbeschwerter auf das Kommende zugehen.

Der Hubschrauber, der einzige auf Vanuatu, im Besitz einer Mineralölgesellschaft, kam leider nicht. Kurzfristig war er wegen eines Notfalls nach Neu-Kaledonien abberufen worden, der nächstgelegenen Inselgruppe, die zwar den Franzosen gehört, wo aber erstaunlicherweise immer noch keine Atomversuche stattfinden. Nun ja, ein Notfall geht natürlich vor, und wir hatten ja noch fast zwei Wochen vor uns. Da wir in den nächsten Tagen auf Tanna drehen wollten, verabredeten wir uns mit dem Hubschrauber für vier Tage später.

Auf Tanna gibt es nicht nur das Dorf der Yaohnanen mit Bigman Naiva, sondern auch eine amerikanische Fliegerbasis, die aber gar keine ist, und gerade deshalb seit mehr als sechzig Jahren als Heiligtum verehrt wird. Und zwar von den Anhängern der John-Frum-Sekte. Das sollte uns mindestens einen Drehtag wert sein.

Ich hatte schon viel über den »Cargo-Kult« dieser Gegend gehört, konnte mir aber nie was Rechtes darunter vorstellen, obwohl es sich dabei, wie ich inzwischen weiß, um die vernünftigste und einleuchtendste Religion der Welt handelt. Denn alle ihre Wunder sind echt: Die Himmelsgaben kommen wirklich von oben ... von so was kann der Papst nur träumen.

Die Wurzeln des Cargo-Kults, der nicht nur auf einigen Inseln Vanuatus praktiziert wird, sondern im ganzen südpazifischen Raum, liegen im Zweiten Weltkrieg. Damals gab es zahlreiche Stützpunkte der Amerikaner, und manche von ihnen wurden aus der Luft versorgt: Regelmäßig tauchten Cargo-Maschinen auf und warfen ihre Fracht ab, neben militärischen Gütern auch Proviant. Einiges davon landete im Busch oder im dichten Dschungel, und die Menschen, die dort lebten, waren sicher: Das kann nur ein Geschenk der Götter sein, zumal ja auch in den alten Legenden immer wieder von Riesenvögeln die Rede war, die köstliche Dinge vom Himmel warfen.

Rasch erkannten die Inselbewohner, dass die Riesenvögel vor allem dort auftauchten, wo man vorher breite Bahnen angelegt hatte; sie sahen außerdem, dass die Gaben aus der Luft bevorzugt rund um jene Gebäude oder Fahrzeuge niederfielen, die mit einem großen roten Kreuz bemalt waren. Als dann schon nach wenigen Jahren die meisten Stützpunkte wieder aufgelassen wurden, versuchten die Einheimischen, den Zauber selber zu beschwören. Nach dem Vorbild der Landebahnen schlugen sie Schneisen in den Busch, bastelten Flugzeugmodelle aus Zweigen und legten Tücher mit großen roten Kreuzen aus in der Hoffnung, auf diese Weise den so plötzlich verschwundenen Segen von oben wieder anzulocken.

So entstand der Cargo-Kult mit den unterschiedlichsten Glaubensgemeinschaften, deren größte die John-Frum-Bewegung ist – der Name ist angeblich die Verkürzung von »John from America«. An ihrem Hauptsitz auf Tanna wurde mitten im Dorf eine Flugplatz-Attrappe angelegt. Jeden Freitag ziehen hier die Gläubigen in alten, amerikanischen Armeeuniformen auf, hissen ein zerschlissenes Sternenbanner, spielen auf einem Kassettenrekorder die amerikanische Hymne – und starren gen Himmel in der Hoffnung auf den Geschenk-Messias, der aber, wie es sich für einen Messias gehört, auf sich warten lässt.

Auch wir starrten gen Himmel, als wir nach vier Tagen wieder in der Hauptstadt Port Vila waren, in der Hoffnung auf unseren Hubschrauber, der aber nach messianischem Vorbild ebenfalls auf sich warten ließ – und dies im wahrsten Sinn des Wortes. Denn für den Notfall war er so viel unterwegs gewesen, dass jetzt seine Wartung fällig war. Damit muss man bei diesem Fluggerät rechnen, das weiß jeder Profi: Alle 20 Flugstunden eine kleine, alle 80 eine große Kontrolle. Dient ja auch unserer eigenen Sicherheit.

Für alle Fälle begannen wir schon mal über eine Alternative der Anfangsszene nachzudenken. Wolpers hatte eine wunderbare Idee: Ich sollte bei Ebbe auf einer Sandbank stehen, die von der hereinströmenden Flut allmählich überspült wird. Wir würden das mit »zementierter Kamera« drehen, das heißt, die Kamera bleibt fixiert und die Szene wird in einzelnen Etappen abgefilmt, was im Endergebnis so aussieht, als würde ich ruckweise im Wasser versinken.

In meiner naiven Herzensgüte ließ ich mich darauf ein, und ein Teil davon ist auch tatsächlich im Film als Aufsager zu sehen. Doch mit der zunehmenden Kraft der Flutwellen wurde mir klar, dass hier nicht der Anfang einer Reportage gedreht werden soll, sondern das Ende eines Reporters – nichts als ein weiterer, primitiver Mordanschlag von Wolpers mit der zusätzlichen Erwartung, meinen Ertrinkungstod auch noch filmisch zu vermarkten.

Gerade noch rechtzeitig vor den Haien konnte ich an Land waten, hatte aber leider nicht mehr die Kraft, Wolpers zu fangen und zu töten.

Weil ein Ersatzteil fehlte, das aus Auckland eingeflogen werden musste, zog sich der Wartungstermin des Hubschraubers ein bisschen in die Länge. Kann passieren, ist nicht zu vermeiden und war auch nicht so schlimm, weil wir die nächsten Tage ohnehin auf einer anderen Insel verbringen würden. Dort galt es unter anderem, die geheimnisvolle

Wirkung von Kava zu studieren, dem örtlich so populären Rauschgetränk. Bei einem solchen Thema will ich sowieso keinen Piloten dabeihaben. Der soll mit dem Flieger abheben, nicht mit dem Verstand.

Was im Jemen das Qat, in Ostindien die Betelnuss und in München die Maß, ist in Vanuatu Kava, die gesellschaftlich akzeptierte Volksdroge. Ein trüb-braunes Gebräu aus dem Wurzelharz eines Pfefferstrauchs, das ebenso schmeckt wie es aussieht: dumpf und schlammig. Je nach seiner Stärke – und der Widerstandskraft des Trinkers – hat es eine beruhigende bis betäubende Wirkung, man wird still und nachdenklich davon, manchen verhilft es sogar zu traumhaften, oft religiösen Erscheinungen. Im Allgemeinen benutzen es die Männer, um ihren Tag entspannt zu beenden. Frauen sind auch hier wieder mal ausgeschlossen und dürfen nicht mal zusehen, vor allem nicht bei der Herstellung, denn das vernichtet angeblich die Wirkung von Kava.

Bei mir hat das Zusehen den Spaß am Probieren vernichtet, denn die Herstellung ist wirklich eine recht eklige Prozedur. Die frisch gegrabenen Wurzeln des Pfefferstrauchs *(Piper methysticum)*, von denen es auf den Inseln gut vierzig Unterarten gibt, werden klein geschnitten und von halbwüchsigen Jungen zerkaut; der Speichel löst die Wirkstoffe und dient als Ferment. Den so entstandenen Brei spucken sie auf Blätter, das Ganze wird mit Wasser übergossen, geknetet und durch ein Netz aus Kokosbast gefiltert... und Prost. Angeblich hat auch schon Captain Cook vor 400 Jahren davon gekostet. Kein Wunder, dass er danach auf Nimmerwiedersehen abgehauen ist.

Ralph bestand darauf, mich zu einer Kostprobe mitzunehmen, eine Ehre, die man nicht ausschlagen darf – zum Glück muss man sich wenigstens dabei nicht ausziehen.

Wie es Tradition ist, setzen sich die Trinker dazu abends in einen Kreis und reichen reihum eine halbe Kokosnussschale, die als Becher dient. Es ist üblich, den Inhalt in einem einzigen Schluck auszutrinken, oder besser, zu schlürfen, denn damit signalisiert man seinen besonderen Genuss an der Sache. Meist brennt nur eine trübe Kerze, denn Kava erhöht die Lichtempfindlichkeit. Das Gespräch verdünnt, allmählich verfällt man in Schweigen und grübelt über den Sinn des Lebens.

Ich habe natürlich höflich genippt – man will ja kein Wolpers sein –, aber die übliche halbe Kokosschale voll hätte ich niemals geschafft. Drogen sind sowieso nicht mein Ding; da mein Hirn schon im Normalzustand ständig rumort, habe ich viel zu große Angst vor einer inneren Explosion, einer neuronischen Supernova. Obwohl ich sonst neugierig bis zur Selbstverstümmelung bin, habe ich deshalb auch nie mit LSD, Hasch oder sonst einem Zeug experimentiert. Um in Schweigen zu verfallen und über den Sinn des Lebens zu grübeln, brauche ich kein Kava; dazu reicht mir der Steuerbescheid. Aber in Vanuatu gibt es keine Einkommenssteuer. Also braucht man dort Kava.

Nach unserer Rückkehr war der Hubschrauber schon wieder weg. Das Ersatzteil war noch am gleichen Tag gekommen, hieß es, aber wir wären ja leider nicht da gewesen, und man könne schließlich nicht ewig auf uns warten. Das leuchtet ein, denn Zeit ist bei Hubschraubern besonders viel Geld, zwischen 500 und 2000 Dollar die Flugstunde, je nach Land und Gerät. Aber wir sollten uns keine Sorgen machen, tröstete man uns, spätestens in zwei oder drei Tagen wäre der Hubschrauber garantiert wieder in Port Vila.

Wir machten uns Sorgen, denn inzwischen war schon mehr als die halbe Drehzeit vorbei. Als Ersatzlösung könnten wir es ja mit einem Flugzeug versuchen, überlegten wir; da kann man die rechte Tür ausbauen und die Kamera fixieren. Durch die hohe Fluggeschwindigkeit und die mangelnde Möglichkeit, an Ort und Stelle zu manövrieren, ist man natürlich sehr eingeschränkt, aber wozu haben wir den besten Kameramann der Welt, hm?

Also wandten wir uns an den Fliegerclub von Port Vila. Ich war sicher, dort würde es von Kleinflugzeugen nur so wimmeln angesichts der vielen Inseln, die alle mindestens eine Landebahn hatten, und des traumhaften Flugwetters, mit dem man hier fast immer rechnen konnte. Aber das war ein Irrtum. Der Fliegerclub hatte nur zwei Maschinen: eine kleine und eine noch kleinere. Aber dafür hatte der Fliegerclub Franz.

Franz war Österreicher und gehörte zu der kleinen, aber umtriebigen deutschsprachigen Gemeinde von Port Vila, zusammengesetzt aus den üblichen Standardtypen, wie man sie in den alten Filmen mit Edward G. Robinson, Humphrey Bogart und Hedy Lamarr besetzt hatte: gescheiterte Existenzen mit zwielichtiger Vergangenheit, Aussteiger mit unerfüllbaren Träumen, Abenteurer mit Fernweh sowie Steuerflüchtlinge, deren Schwarzgeld als Eintrittspreis für den Fürsten von Monaco nicht reichte, auf einer armen Südseeinsel jedoch zum Riesenvermögen anschwoll. Sogar die lebensfrohe Tramperin, die als »Stewardess« auf Privatjachten etappenweise um die Welt schippert, fehlte nicht.

Wir charterten beide Maschinen, und die Idee war, ein paar spektakuläre Luftbilder über einem aktiven Vulkan zu bekommen und danach die Anfangsszene zu drehen, mit einem ebenso spektakulären, flachen Anflug über das Meer auf den Strand zu. Stephan flog mit Franz, ich mit einem muffigen Schweiger, der Franz erkennbar hasste und ihn wahrscheinlich abgeschossen hätte, hätten wir eine Bordkanone gehabt. Ich übrigens später auch.

Schon beim Türen-Ausbau stellte sich heraus, dass Franz sämtliche genetischen Defekte aufwies, mit denen wir Österreicher geboren werden und gegen die wir ein Leben lang vergeblich kämpfen ... da hilft auch kein Wechsel der Staatsbürgerschaft. Defekt Nr. 1: Er war vorschriftensüchtig und hielt sich sogar an solche, wenn es gar keine gab. Das war sogar in gewisser Weise berechtigt, denn es ist eine beliebte Waffe der Dritten Welt, Ausländer im Ungewissen zu lassen, ob das auch rechtens ist, was sie gerade tun; so kann man sie jederzeit aus dem Land jagen – eine schlimme Gefahr vor allem für Steuerflüchtlinge, die deshalb in ihren Fluchtburgen zu absoluten Musterbürgern werden.

Franz war zwar kein Steuerflüchtling, hatte aber tierische Angst um seine Fluglehrer-Lizenz. Er moserte daher am Türenausbau rum, an der Kamera-Befestigung und – zu Recht – an Wolpers, konnte sich aber nicht durchsetzen, da er auch an Gendefekt Nr. 2 litt: Feigheit. Also blieb ihm nur Österreich-Gen Nr. 3, das Jammern. »Do verlier i mei Lizenz! Do tu i Ärger krieg'n! Oijoijoi! Des wird böse enden!«

Auf kleinen Landepisten, die keinen Tower haben, ist es üblich, »Blindmeldungen« abzusetzen, also über Funk seine Vorhaben bekannt zu geben, für den Fall, dass sich im Luftraum eine andere Maschine in der Nähe befindet. Hier entfaltete Franz sein Österreich-Gen Nr. 4: Grandiose Sprüche. Seine Startmeldungen hatte die Bedeutung eines Raketenstarts in Cape Canaveral. »*Calling all stations!*«, schrie er in den Äther, gefolgt von mehr Daten als damals bei der ersten Mondlandung.

Sofort nach dem Start war Franz verschwunden, und den restlichen Flug verbrachten mein Muffler und ich damit, ihn zu suchen. Tatsächlich fanden wir ihn ab und zu, aber immer nur ganz kurz. Es war ausgemacht, eng nebeneinander her zu fliegen, so dass mich Stephan gut sichtbar in der anderen Maschine filmen konnte. Aber das erschien Franz zu gefährlich. Nach seiner Auslegung besagt die Vorschrift, dass man, sobald man das andere Flugzeug mit bloßem Auge sieht, schon viel zu nahe dran ist. Und weg war er.

Da mein Muffelpilot nicht mit Franz reden wollte, versuchte ich es selber. »Franz, wo seid ihr?«, fragte ich vorsichtig über Funk.

»*Calling all stations! I am here! I am here!*«, krächzte es aus dem Lautsprecher. – Aha.

Auch sein Strandanflug für die Eröffnungsszene wurde eine Katastrophe. Ich hatte mich weit draußen auf eine – flutfreie – Sandbank gestellt und hörte über Funk, wie Franz allen Stationen der Welt ständig das Neueste über Flugzeugtyp, Höhe, Geschwindigkeit, Wetter und die aktuellen Börsenkurse mitteilte. Aber er selber blieb unsichtbar. Er traute sich einfach nicht aufs Wasser runter und blieb in der vorgeschriebenen Minimalhöhe von 150 Fuß, und auch das nur in viel zu großer Entfernung.

»Ein letztes Mal«, baten wir ihn, als die Sonne schon tief am Himmel stand.

»*Calling all stations! I'm coming! I'm coming!*«, schrie Franz mit der Gewalt eines sich unaufhaltsam aufbauenden Orgasmus. Aber es kam nichts. Weder Franz noch der Orgasmus.

Der Hubschrauber kam auch nicht. Eine Telefonleitung musste dringend vermessen werden, sagte man uns. Die Leute warteten dort schon sechzig Jahre darauf, da dürfe man keinen weiteren Tage mehr verlieren. Aber morgen wäre er wieder da. Morgen war unser vorletzter Drehtag.

Da wir immer noch keine brauchbare Anfangsszene hatten, wurde das Hubschrauberproblem zum Dauergespräch, zur Obsession. Wir ertappten uns dabei, wie wir ständig zum Himmel schauten, mit gespitzten Ohren, selbst im Hotel. Er musste ja kommen. Ohne ihn waren wir verloren.

Einmal riss sich Erik plötzlich die Kopfhörer von den Ohren, sah uns bedeutungsvoll an und sagte einen ganzen Satz, den einzigen auf dieser Reise: »Ich glaube, ich hab einen Hubschrauber gehört.« Es war aber ein Wackelkontakt.

Wir merkten nicht, wie wir uns veränderten, wir spürten nicht, dass sich in uns das Wunder des Glaubens vollzog. Wir starrten nach oben und warteten auf den Messias, den Hubschrauber, der uns eine brauchbare Anfangsszene bescheren würde. Cargo-Kult nennt man das. Die Erlösung von oben. Wir waren zu Glaubensbrüdern der John-Frum-Sekte geworden, ohne es zu wissen.

In einem Anflug von Atheismus beschlossen wir, uns doch noch nach einer Alternative umzusehen, und das war gut so, denn der Hubschrauber war auch am letzten Drehtag noch nicht da. Ich schlug eine Szene nach der Art Hollywoods vor: Wie ich mit dem Buschmesser einen Pfad durch die grüne Hölle des Regenwalds schlage, ein kleiner Jäger des verlorenen Schatzes.

Das klang gut, war aber gar nicht so einfach. Denn der dichte Regenwald, das Innere fast aller Inseln, ist immer auch Tabu-Gebiet. Da muss man fragen, Regeln beachten, den Bigman suchen, auch im menschenleersten Gebiet. Wie sollte man das am letzten Tag noch hinkriegen?

Ratlos und verzagt, auf dem Weg ins Hotel, entdeckte Stephan am Wegesrand ein dichtes Gestrüpp. Warum nicht hier? Das ließe sich wunderbar mit dieser Szene am Wasserfall verbinden, wo ich durchdrehte und mich auszog, allerdings nur bis auf die Badehose. Ohne Namba, aber mit Tarzanschrei.

Wir blieben stehen, bauten auf, und ich schlüpfte zum letzten Mal in mein Schmutz starrendes Buschhemd. Dann wirbelte ich mit der Machete wie eine Windmühle und rodete ein gutes Stück Landschaft. Und weil ich mir dabei vorstellte, die Blätter wären Wolpers, wirkte das Ergebnis bestürzend echt: Im Film sieht es wirklich aus wie in der grünen Hölle. Die Tankstelle daneben ist ja nicht im Bild.

Als wir am nächsten Morgen in der alten Boeing der Vanair in Richtung Neuseeland abhoben, glaubte ich, tief unter uns einen Hubschrauber landen zu sehen. Aber es war bestimmt nur eine religiöse Wahnvorstellung. Oder eine Spätwirkung von Kava.

ARABIEN

MORD:
Der fünfte Versuch

Wohlgemerkt, ich zähle hier nur jene Mordversuche auf, die Wolpers auf unseren Reisen verübt, nicht jene unzähligen in Deutschland, wo er mir Giftschlangen ins Hemd schob oder mich in einen Stall sperrte und wilde Kühe auf mich hetzte, wie bei den »Tierversuchen« für Spiegel TV; oder seine ganz besonders heimtückischen Attentate in der »Spartakus«-Serie der SAT 1-»Wochenshow«, wo er Profi-Stuntleute engagierte, um mich in Sicherheit zu wiegen, während aber die echten Explosionen, Gewehrschüsse und Axthiebe direkt auf meinen Körper gezielt waren, ohne dass überhaupt eine Kamera lief. Würde ich alle diese infamen und feigen Anschläge mitzählen, kämen wir auf insgesamt 137 Mordanschläge. So aber sind wir erst bei Nr. 5.

Es ging wieder mal um die Anfangsszene. Das Motiv war klar, da konnte es nicht den geringsten Zweifel geben: Eine gewaltige Wüstenlandschaft musste es sein, wie sie der liebe Gott für die Camel Trophy geschaffen hat, sandgelb und unendlich weit, unter strahlend blauem Himmel. Darin ein winziger Punkt auf dem Kamm einer Düne, allein in einer leeren Welt – und dann langsam größer werdend: Das würde wieder mal ich sein, im Dishdasha, dem weißen arabischen Traditionsgewand, dazu das karierte Kaffiya-Kopftuch, fröhlich winkend, samt Landkarte im Rahmen: der Wüstenfuchs.

Die Wüste ist in den Arabischen Emiraten nicht schwer zu finden, und eigentlich hätten wir die Szene schon gleich nach der Ankunft mitten in Dubai drehen können, wären da nicht diese vielen Häuser gewesen. Zum Glück geht die

Wüste auch hinter Dubai noch ein paar Millionen Quadratkilometer weiter, und auf der Autobahn nach al-Ain wird sie schon nach wenigen Minuten fast schöner als im Kino: Riesige Surfwellen eines erstarrten Ozeans, reine, makellose, gewaltige Sanddünen vom Feinsten. Da im Unterschied zu Sylt dort nichts wächst und auch kein Meer daran nagt, ist die Dünenlandschaft zur allgemeinen Benutzung freigegeben, was auch recht ausgiebig geschieht: Wüstensöhne und -väter reiten dort ihre Allrad-Vehikel zuschanden, man fährt Ski und Schlitten auf dem Sand, und des Nachts bringen Buskolonnen Romantik-Touristen zum Lagerfeuer hierher, mit Ziege am Spieß, Bier und Heino. Wir mussten ganz schön suchen, um ein Stück leere Wüste zu finden.

Eine besonders mächtige Sanddüne hatte es uns angetan, steil aufragend in einem wahren Dünenmeer, gut 50 Meter hoch, mit genau dem richtigen flirrenden Licht und dieser typischen Mischung von Gluthitze und feinsten Sandkörnern, die der Wind wie ein Sprühregen ständig vor sich her treibt.

Um dieses Wüstengefühl kamerareif zu präsentieren, zwang mich Wolpers zu einem Schnellkurs für den Umgang mit Allradantrieb auf lockerem Sand: Erst Luft aus den Reifen rauslassen, um das Laufprofil breiter und damit griffiger zu machen, und dann ein geduldiges Liebesspiel mit dem Gaspedal, diese gewisse zärtliche Wildheit, bei der alles erlaubt ist, außer, dass man zum Stehen kommt – also genau umgekehrt wie beim Sex.

Da bei mir grundsätzlich das Gegenteil des Erwarteten eintritt, kam ich mit dem Fahrzeug dauernd zum Stehen. Wolpers wurde ungeduldig und ließ mich von unserem Fahrer doubeln, und weil jeder Araber von Geburt Stuntfahrer ist, war das Ergebnis hervorragend: Er verwandelte das

Auto in einen Sandfloh, sprang über Dünenränder, stürzte kopfüber in Abgründe, riskierte Überschläge und löste Lawinen aus. Es wirkte so mörderisch gefährlich, dass ich gar nicht hinschauen konnte – ein Problem, das ich immer bei solchen Stunts habe: Denn ICH bin es ja, der gedoubelt wird, also geht es um MEIN Leben, auch wenn es ein anderer für mich riskiert ... für den Zuschauer bin es ICH, der da drinnen sitzt. So bin ich eben, ein stellvertretender Feigling.

Selbst mit der zärtlichsten Allrad-Technik war es unmöglich, auch nur die halbe Höhe unserer Kulissendüne hochzufahren. Also machten wir uns auf den Fußweg, der am Steilhang – verzeihen Sie bitte den nun folgenden, plumpen Kalauer – sofort zum Sisyhphusweg wurde, da man bei jedem Schritt nach oben im lockeren Sand fast die gleiche Strecke wieder nach unten rutschte. *(Beim Überlesen stelle ich fest, dass dieser Kalauer, für den ich mich sogar noch entschuldigt habe, gar nicht funktioniert, da er nur phonetisch verständlich ist, im Schriftfeld aber unsichtbar wird, es sei denn, man schriebe gleich am Anfang statt Fußweg »Phusweg«, was aber noch plumper, ja, geradezu holzhammermäßig wirkt. Also gehört die wacklige Metapher gestrichen. Ich lasse sie aber trotzdem stehen, einmal als abschreckendes Beispiel, und zum zweiten als Beweis für die Qualen, die man erleidet, wenn man wie ich vom Kalauervirus befallen ist, und zwar unheilbar. Sisyphusqualen, gewissermaßen.)*

Meine Qual, bei 45 Grad Hitze eine Sanddüne hinaufzuwaten, wurde nur durch den Anblick der drei anderen Sisyphoiden gemildert, da diese noch wesentlich stärker litten. *(Schon wieder ein Problem: Wie lautet der Plural von Sisyphus? Der Kalauervirus flüstert: »Sisyfüße.« Aber das klingt wie die unteren Extremitäten einer österreichischen Kaiserin, also entschließe ich mich zu »Sisyphoiden«, was zwar ebenfalls erfunden ist, aber sich doch viel klassischer anhört, wie eine Hit-Serie von Aischylos oder Euripides.)* Während ich nur eine Tube Sonnencreme zu tragen hatte, schleppte mein Team gewaltige Lasten: Stephan den Kamerakram, Erik die Tonkisten und Wolpers den Landkartenrahmen, dessen Einzelteile in einer sperrigen, meterlangen Riesentasche steckten. Wie Wolpers da hochkrabbelte, mit diesem riesigen schwarzen Balken auf dem Rücken, wirkte er wie ein größenwahnsinniger Mistkäfer, der sich für Jesus hält und statt des ihm zustehenden Kotballens ein Kreuz auf den Ölberg schleppt.

Oben bauten wir für die Naheinstellungen auf, und ich lieferte meinen Begrüßungsaufsager ab. Es war ein ziemlich sinnloser Text, in dem Schneewittchen und die sieben Zwerge sowie die Deutsche Bank vorkamen und dem Wolpers zu Recht widersprach. Aber wenn Wolpers widerspricht, erhält selbst das Sinnloseste für mich Sinn, und ich bestand darauf, kein Wort zu verändern – weshalb ich mir heute, wann immer ich den Arabien-Film sehe, an dieser Stelle die Ohren zuhalten muss.

Dann ließ man mich da oben allein. Denn als Nächstes würde die große Totale folgen, die Einstellung aus dem Hubschrauber mit der endlosen Wüste und Feuerstein als Punkt im Nichts. Bei großen Produktionen würde längst so ein Knattervogel über uns kreisen, mit der »Second Unit« an Bord, dem zweiten Team. Aber wenn man nur einen einzigen Kameramann hat, mit einer einzigen Kamera, muss man erst mal »umsetzen«, wie das im Filmjargon so schön heißt: Stephan und die Geräte zum Hubschrauber verfrachten, dort alles montieren und dann losfliegen. Dazwischen hieß es warten.

Es würde rasend schnell gehen, hatte Wolpers versprochen. Der Hubschrauber war bereits in der Luft, per Handy gab es Kontakt mit ihm. Hier in der Wüste konnte er natürlich nicht landen, das war klar, denn das würde zu viel Sand aufwirbeln und die Filter verstopfen – daran waren ja auch damals die Marines gescheitert, die die amerikanischen Geiseln im Iran befreien wollten. Also sollte er auf dem Seitenstreifen der benachbarten Autobahn runtergehen; dort würde man sich treffen und umladen.

Rund um mich herum, im Radius von gut drei Kilometern, verhängte Wolpers eine Art Kriegsrecht, einen Sperrbezirk samt Ausgehverbot, die totale Quarantäne. Damit wollte er verhindern, dass irgendjemand durchs Bild laufen würde, wenn der teure Hubschrauber im Einsatz war, und wir dann alles wiederholen müssten, denn jede Flugminute kostet tierisch viel Geld. Damit verhinderte er aber auch, dass irgendeine menschliche Seele in meiner Nähe war. Gar nicht zu reden von einer Flasche Wasser. Aber wer denkt schon an so was Ausgefallenes wie die Notwendigkeit von Wasser in der Wüste. Doch nicht Wolpers.

In fünfzehn Minuten würde der Hubschrauber über mir kreisen, waren die letzten Worte von Wolpers gewesen, bevor er den Rutschweg nach unten antrat. Natürlich würden es mindestens dreißig sein, das war mir absolut klar, aber unter normalen Umständen hätte mir das nichts ausgemacht. Denn ich bin überaus geduldig, wenn es sein muss. Ich versenke mich dann tief in mich selbst. Auch wenn ich mich nicht sonderlich mag, ist das durchaus erträglich, weil ich mich niemals langweile, wenn ich mit mir allein bin – im Unterschied zu allen anderen Leuten, die ich nicht mag. Aber es herrschten keine normalen Umstände.

Wer schon mal eine Wüstendüne von der Lee-Seite her bestiegen hat, weiß es: Am Grat angelangt, faucht einem plötzlich, von der Sonnenthermik angefacht, ein glühheißer

Wind entgegen, der den Sand wie ein Strahlgebläse zu Nadelspitzen werden lässt und gegen die Haut jagt. Man zieht sich dann schnell wieder zurück.

Ich bestieg aber keinen Grat, von dem man wieder abtauchen konnte, ich saß oben drauf. Mit einer dämlichen Landkarte, die sich vor dem Wind wie ein Segel blähte und die ich mit beiden Händen festhalten musste, damit sie nicht wegflog. Unter Beschuss von Millionen Sandkörnern. Bei 50 Grad im Schatten.

Nun werden sicher viele sagen, ich würde wieder mal maßlos übertreiben. Und das stimmt. Ich habe übertrieben. Im Schatten waren es höchstens 45 Grad. Aber es gab keinen Schatten. Also waren es wahrscheinlich 60 Grad. Oder 75. Schlimmer noch: Die Düne stand nicht still. Der Wind, der ständig an der Oberkante nagte, schliff sie ab, der Sand war ständig in Bewegung, wehte, rieselte, stach. Während ein Teil der Landkarte verschüttet wurde, entstand gleichzeitig, auf der gegenüberliegenden Seite, ein Hohlraum unter ihr, so dass sie sich aufblähte und wild zu flattern begann. Es wurde immer schwerer, sie festzuhalten.

Die Füße, die ich tief im Boden verhakte, um nicht den Halt zu verlieren, waren im Nu wieder freigeweht. Wie Gewehrkugeln prasselten die Sandkörner in mein Gesicht und drangen in jede Körperöffnung. Alle paar Minuten spuckte ich ein Maulvoll Sand aus und in meinen Ohren staute sich genug Sand, um darin Kakteen zu züchten. Vom nächsten Tag an verstand ich auch das seltsame Knirschen, das man in allen öffentlichen Toiletten Arabiens aus den Nachbarkabinen hört: Sand im Stuhl.

Wie schön war es doch damals in Alaska gewesen, als ich auf dem Gletschereis den Hubschrauber erwartet hatte – so ruhig, so friedlich, so kühl, und wenn ich durstig war, brauchte ich bloß den Boden zu lecken. Oder viel schöner noch in Vanuatu, als der Hubschrauber überhaupt nicht kam. Aber das waren sinnlose Träume, denn vor mir lag die Wirklichkeit: der Hitzetod in der Wüste, von Sandkugeln beschossen, mit verdampfendem Hirn, auf einer Wanderdüne, die bestimmt viel schneller wanderte, als man angenommen hatte, weshalb ich vom Hubschrauber und meinem Team gar nicht mehr zu finden war. Wahrscheinlich war ich längst in Saudi-Arabien...

Mehr als zwei Stunden hockte ich wie Münchhausen auf der Kanonenkugel und weiß bis heute nicht, wie ich das überlebte. Wolpers erzählte mir hinterher ein Märchen von Betankungsproblemen; angeblich hätte der Hubschrauber zu wenig Treibstoff gehabt, mit dem Umfüllen auf dem Landeplatz hätte es Probleme gegeben... was für ein Quatsch! Wo wir doch in den Emiraten waren, buchstäblich schwimmend auf dem Öl! Wo man nur ein Loch in den Sand graben muss, und schon kann man tanken!

Beim Überflug sah ich Wolpers' lachendes Gesicht im Hubschrauberfenster. Ich hätte alles in der Welt für eine SAM-Rakete gegeben.

Das Geisterland

Ich hatte diese Folge »Arabien« genannt, und das war natürlich genauso vermessen wie alle anderen Titel. Denn wie will man in knappen 45 Minuten ein Land darstellen, und sei es nur Liechtenstein. Mit seinen zweieinhalb Millionen Quadratkilometern ist die arabische Halbinsel doch etwas größer als Liechtenstein; sie umfasst ein gutes Dutzend Länder und Scheichtümer, von denen wir gerade mal Oman und drei Emirate besuchten, lächerliche vierzehn Tage lang. Wie kann man da so frech sein, das Ergebnis »Arabien« zu betiteln?

Dumme Frage. Erstens kann jeder so frech sein wie er will. Zweitens: Verlogen, wie das Fernsehen ist, warum soll gerade ICH eine Ausnahme machen, hm? Und drittens heißt der Titel ja nicht »Feuerstein erzählt alles, was es gibt, über Arabien«, sondern schlicht und einfach »Feuerstein in Arabien«. Und IN Arabien war ich ja, Punkt.

Um als Filmteam nach Arabien hineinzukommen, muss man eine Keuschheitsschleuse passieren, da jeder aus unserer Zunft bis zum Beweis des Gegenteils grundsätzlich als Pornohändler gilt. Die Begründung leuchtet ein: Wer Dutzende Filmrollen oder Videokassetten im Gepäck mit sich schleppt, MUSS einfach Pornos darunter haben, denn so viel anständige Filme gibt es gar nicht auf der Welt. Da ist was dran.

Unsere Eintrittspforte war Dubai, die derzeit wohl toleranteste und freizügigste Stadt Allahs, die Beirut den Rang als Sündenbabel längst abgelaufen hat. Nirgendwo sonst in Arabien geht es so locker zu, Alkohol ist überall erhältlich, es gibt Bars und Discos. Aber die Pornoschleuse war streng und unerbittlich. Während afghanische Hisbollah-Kämpfer, russische Nutten und deutsche Waffenhändler unbehindert durch Zoll und Passkontrolle marschierten und uns lange Nasen drehten, wurden wir an einen Sonderschalter dirigiert. Unsere Kisten mit High-Tech-Kram interessierten niemanden, da hätten wir auch ein paar Plutoniumbomben mitbringen können – es ging ausschließlich um die Kassetten. Der Hinweis, sie wären alle leer, da unsere Arbeit ja noch gar nicht begonnen habe, erntete bei den Beamten den gleichen müden Blick wie bei unseren Verkehrspolizisten, wenn man bei der nächtlichen Führerscheinkontrolle schwört, man habe den ganzen Abend nichts getrunken. Es ist nun mal Vorschrift, ALLE Kassetten zu inspizieren, egal ob leer, voll oder kaputt, also her damit.

Zum Glück verfügt der Zoll von Dubai über hochmoderne Abspielgeräte jeglicher Norm, natürlich auch für die professionellen Halbzoll-Beta-Kassetten — man ist seinem Ruf als reichstes Land der Welt ja auch was schuldig. Aber 50 Kassetten bedeuten nun mal 25 Stunden Abspielzeit, im Schnelldurchlauf immer noch zehn, und da gab's nur eins: Die Bänder bleiben zur Überprüfung beim Zoll. Morgen oder übermorgen könnten wir sie abholen.

Da man uns wenigstens jene eine Kassette ließ, die in der Kamera war, gab es keine Verzögerung bei der Arbeit, und tatsächlich erhielten wir die anderen 49 schon am nächsten Tag ausgehändigt — das erste und letzte Mal, dass hier etwas zuverlässig funktionierte. Die Originalverpackungen waren aufgebrochen, jemand hatte sie *wirklich* alle angesehen: 25 Stunden leeres Bild ... na ja, immer noch besser als eine halbe Stunde Musikantenstadl.

Ich kam ins Grübeln: Warum diese fast hysterische Angst vor Pornografie in den islamischen Ländern? Gewiss, Sexängste und Verklemmungen haben auch wir zur Genüge. Aber warum wird der Schweinekram dort als geradezu staatsbedrohend empfunden und mit Mitteln abgewehrt, die man sonst nur gegen Terror oder Rauschgiftschmuggel einsetzt? Ist Sex wirklich das größte Problem der Mullahs? Oder ist es gar keine Angst, sondern eine Obsession? Schließlich ist die arabische Erzählkunst prallvoll von schwüler Erotik, und auch der Koran verheißt jedem Heiligen Krieger im Paradies unzählige Jungfrauen, die nur darauf warten, mit ihm alle die Sachen zu treiben, nach denen die Zöllner so besessen in den Videos suchen. Da kann doch eine kleine Vorschau nicht schaden?

Kann natürlich sein, dass die Sittenwächter aus eigenem Bedürfnis handeln. Damit sie wenigstens auf diese Weise einen Blick ins Paradies werfen können, weil sie befürchten, selber niemals reinzukommen. Schade, dass wir sie so enttäuscht haben. Denn bei uns haben sie nicht das erwartete Paradies gesehen, sondern das Nirwana, mit 25 Stunden Leerkassetten. Aber wie gesagt: Immer noch besser als eine halbe Stunde Musikantenstadl.

Sie waren eindrucksvolle Gestalten, die Herren Araber von Zoll und Grenzpolizei auf dem Flughafen von Dubai, so ganz anders als die Business-Scheichs, die in variabler Stärke, je nach Festigkeit des Petro-Dollars, unsere Luxushotels bevölkern; oder ihre Billig-Ausgabe in Südostasien, die als Sextouristen mit glühenden Augen und sichtbaren Schuldgefühlen durch die Pforten thailändischer Schmuddelbars schlüpfen ... und fragen Sie jetzt bitte ja nicht, was ICH dort zu suchen habe. Mit ihren weißen, eleganten Gewändern, dem wallenden Kopftuch, den scharfgeschnittenen Gesichtern mit sorgsam gepflegten Bärten strahlten sie Würde, Stolz und Unbestechlichkeit aus, und auch ein bisschen überlegene Arroganz. Aber Letzteres haben alle Grenzschützer an sich, gerade auch die unseren. Ich war gespannt darauf, die Söhne der Wüste in den nächsten Tagen näher und besser kennen zu lernen – man hört ja so viel von der Herzlichkeit' und Gastfreundschaft der Araber. Ich hatte ja noch keine Ahnung, dass sie so ziemlich die Letzten sein würden, die wir in den Emiraten zu Gesicht bekämen. Denn Araber sind hier was ganz, ganz Rares.

Von den 2,5 Millionen Bewohnern der Vereinigten Arabischen Emirate (VAE) sind über 70 Prozent Ausländer, die aber nichts zu sagen haben. Nur etwa 600000 sind richtige VAE-Staatsbürger, davon knapp 200000 erwachsene Männer, die aber auch nichts zu sagen haben, weil es keine Wahlen gibt. Damit sie gar nicht auf die Idee kommen, was sagen zu wollen, werden sie von den wenigen, die was zu sagen haben, verwöhnt wie kaum sonstwo in der Welt. Da die Emirate – noch – buchstäblich auf Öl schwimmen, kann man es sich leisten: Keine Steuern, Wohnung, Strom und Wasser kostenlos, dazu Gratis-Gesundheitsfürsorge, Kindergeld, Muttergeld, Witwengeld, und wer als Frau mit 40 noch nicht verheiratet ist, kriegt Staatsrente. Wozu also Wahlen – was sollte man denn noch verlangen? Kostenloses Begräbnis? Gibt's auch schon.

Die sieben Vereinigten Emirate mögen vereinigt sein, sind aber in Größe und Landschaft grundverschieden; auch der Ölreichtum ist recht unterschiedlich verteilt. Abu Dhabi ist der reiche Riese mit 70000 Quadratkilometern – das sind fast 90 Prozent der gesamten Fläche der Emirate –, gefolgt vom kleinen, aber nicht weniger reichen Dubai. Dessen Erzrivale, das strenggläubige, stille Sharjah, einst als Piratennest verschrien, kommt an dritter Stelle. Schlusslicht ist Adshman, der Zwerg, mit gerade mal 10000 Einwohnern auf 250 Quadratkilometern. Dazwischen die beiden Gemüsegärten der Emirate, Umm al-Kaiwan und Ras al-Kaiwan mit Oasen statt Öl, sowie Fusheria, das bergige Landschaftsparadies am Golf von Oman.

Eigentlich haben die Emirate gar keine andere Wahl als vereinigt zu sein, denn sie sind auf engstem Raum so sehr ineinander verschachtelt, mit zahlreichen, oft weit voneinander entfernten Enklaven, dass die Alternative einen immerwährenden Konflikt bedeutete – so war es auch in der Vergangenheit. Diese Konflikte gibt es natürlich auch heute noch, aber sie werden nicht mehr mit Waffen ausgetragen, sondern mit Geld, Intrigen und unterschiedlicher Weltanschauung.

Ein typisches, fast tragikomisches Beispiel liefert der Konkurrenzkampf zwischen Sharjah und Dubai im letzten Jahrzehnt. Als man nämlich in Sharjah erkannte, dass die Ölvorräte langsam zur Neige gehen, begann man auch hier auf den Tourismus zu setzen, baute Luxushotels und einen riesigen Weltflughafen – und verschuldete sich bis über das Kopftuch. Da man zu stolz war, den Rivalen Dubai anzupumpen, bat man den mächtigen Nachbarn Saudi-Arabien um Hilfe. Die Bruderbitte wurde auch erfüllt, aber nur unter der Bedingung, dass sich Sharjah wieder auf die Gebote des Propheten besinnen und ein striktes Alkoholverbot erlassen musste – was alle mühsam angelockten Touristen sofort nach Dubai vertrieb. Heute ist Dubai reicher denn je, Sharjah aber nur noch fromm, mit leeren Hotels und einem verlassenen Weltflughafen nur 20 Kilometer neben jenem von Dubai.

Wer regiert nun dieses Schlaraffenland? Die wahre Macht liegt in den Händen jener, die wir aus dem Kreuzworträtsel als »Scheich mit vier Buchstaben« kennen: den Emiren, den Stammesfürsten, die einst gewählt wurden, heute aber weitgehend durch Vererbung ihren Machtanspruch ausüben. Zwei davon sind die Supermächtigen, die das endgültige Sagen haben, in allen Bereichen und ohne Widerspruch: Sayed und Maktoum, die Scheichs von Abu Dhabi und Dubai. Diese beiden sieht man auch täglich im Fernsehen, während der Rest der Emirats-Araber unsichtbar bleibt, in den Städten jedenfalls.

Was sollten sie auch in der Öffentlichkeit, wenn es für jeden Einheimischen drei Gastarbeiter gibt? Die Dauerlächler aus Thailand, Sri Lanka und den Philippinen als devote Diener in Haus und Hotel, die tüchtigen Inder und Pakistani für Einzelhandel, Güterverkehr und Taxis, die Billigstarbeiter aus Bangladesh für das Grobe, die ägyptischen und palästinensischen Sprachbrüder für die öffentliche Verwaltung und die Krawattenriege der europäisch-amerikanischen Notebook-Generation für das mittlere Management.

Der prägende Eindruck: ein Geisterland, in dem Gastarbeiter und Touristen ganz unter sich sind.

Araber, verzweifelt gesucht

Unser Aufnahmeleiter vor Ort war Nicholas Meyer, genannt Nick, ein Deutscher im Dienste des Touristenbüros von Dubai, der in Rede und Aussehen der Zwillingsbruder von Manfred Krug sein könnte, in seinem Wesen aber zum Glück viel umgänglicher war: kumpelhaft, ohne sich anzubiedern, und recht locker.

Das Letztere ist hier für Gastarbeiter gar nicht so einfach. Sie verdienen zwar das Vielfache von dem zu Hause, sind aber recht- und schutzlos: Wenn dem Dienstherrn was nicht passt, dann raus aus dem Land, und zwar jetzt ... davon können unsere Innenminister nur träumen. Das führt natürlich zu großer Verunsicherung und verbiegt die Haltung. Nun neigen Gastarbeiter überall in der Welt zu Angst, Verkrampftheit und vorauseilendem Gehorsam, in den

Emiraten scheint dies aber fast schon ein Teil des Arbeitsvertrags zu sein.

Egal ob verkrampft oder locker – im Umgang mit Würdenträgern und Behörden rennt man hier unweigerlich gegen Mauern und scheitert. Meistens schon an den Vorschriften, die es entweder gar nicht oder nur sehr verschwommen gibt. Spätestens aber an ihrer Auslegung. Da man als Kamerateam automatisch in die Kategorie unliebsamer Ruhestörer fällt, kommt man selber an die Entscheidungsträger des Landes gar nicht erst ran, sondern muss sich im Dauerstreit mit ausländischen Unterlingen zermürben, die aus nackter Angst, ihrem Chef auch nur unter die Augen zu treten, im Zweifelsfall ablehnend entscheiden. Und dieser Zweifelsfall herrscht IMMER.

Es tat daher richtig wohl, in der Hotellobby einen Leidensgenossen zu treffen: Rolf Seelmann-Eggebert vom NDR, den Spezialisten für Herrscherhäuser und Hofberichterstattung aller Art im Ersten. Er war mit seinem Team auf allerhöchste Einladung gekommen, mit allerhöchsten Erwartungen für ein Gespräch mit Scheich Maktoum, kriegte aber keinen allerhöchsten Termin und wurde täglich neu vertröstet.

Ich beäugte ihn nicht ohne Neid, denn sein Sendeauftrag erlaubte ihm den Luxus, im Hotel rumzuhängen, bis der Scheich ihn rief, eine Woche oder zwei, vielleicht sogar monatelang. Wir hingegen waren Zwangsarbeiter eines eisernen Reiseplans: 14 Tage und keine Stunde länger. Wenn bei uns eine Geschichte platzte, galt es eben eine andere zu finden ... zwei brauchbare pro Tag waren das absolute MUSS, sonst hätten wir hinterher nicht genug Material für die Sendung. Und das zöge furchtbare Folgen nach sich: Wolpers wäre pleite, könnte mein Honorar nicht bezahlen und würde notgedrungen mein Sklave werden, und zwar bis zu meinem Tode, weil ihn mir nie im Leben jemand abkaufen würde.

Nick konnte sich seine Lockerheit leisten, weil er als Reiseleiter in der Hierarchie ziemlich unten angesiedelt war: Er brauchte sich vor keinem arabischen Boss zu ducken, sondern hatte einen pakistanischen, Mr. Hamid – Betonung auf der zweiten Silbe –, der ungeheuer freundlich, besorgt und beflissen war, aber gleichzeitig ungeheuer machtlos. Sein Lieblingwort war *»excellent«*, hervorragend, vor allem, wenn was schief ging. Nick war mit ihm im Dauerkontakt, ständig klingelte das Handy, ständig fragte Mr. Excellent nach unseren Wünschen, er schien uns seine gesamte Arbeitszeit zu widmen, auch die Freizeit und die Nachtruhe – aber es kam nur selten was dabei heraus, und bei der Suche nach einem richtigen Araber als Gesprächspartner gar nichts.

Da war zum Beispiel die Sache mit den Rennkamelen des Emirs, den schnellsten und edelsten Flitzern von ganz Arabien, Hunderttausende von Dollar wert. Sie leben in klimatisierten Ställen, kriegen dreimal täglich Öko-Vollwertkost und haben statt Tierpflegern Butler, von denen sie massiert werden und die Zähne geputzt kriegen – mit anderen Worten: Sie haben es besser als Schumi. Der hat das zwar alles auch, aber zusätzlichen Ärger mit den Reifen.

Versteht sich von selbst, dass wir auf diese Geschichte scharf wurden: der Alltag eines Rennkamels – ich würde alles mitmachen, die Pflege, das Training, ein bisschen Wettlauf und was man sonst von einem Wunderhengst verlangt, mit Ausnahme der künstlichen Besamung natürlich.

Aber wir durften nicht einmal in ihre Nähe. Ein gutes Jahr vor uns hatte nämlich schon einmal ein Team aus Deutschland hier gedreht und das gesamte Material an Tierschützer weitergegeben, die es seither benutzen, um den

Kamel-Rennsport mies zu machen. Dadurch war man misstrauisch geworden und befürchtete in uns einen neuen Einschleichversuch von Enthüllungsjournalisten.

So ein Schwachsinn! Wo ich doch eindeutig auf der Seite der Kamelrennen bin: Weniger Lärm, weniger Tote und statt schädlicher Auspuffgase nur ein paar Kamelfürze, die ich persönlich sowieso viel lieber rieche. Wahrscheinlich hielten sie mich hauptsächlich deshalb für einen Tierschützer, weil ich an diesem Tag ausnahmsweise mal nett zu Wolpers war. Auf alle Fälle wurden wir rigoros abgewiesen, auch wenn sich Mr. Hamid, der uns diese Geschichte selber empfohlen hatte, den Mund schaumig telefonierte.

Wenn es mit Rennkamelen nicht klappt, wollten wir es wenigstens mit Rennbooten versuchen. Denn zufällig fand in Dubai gerade eine Off-shore-Meisterschaft statt, und weil die Küste mit ihren Salzsümpfen und der vorgelagerten Inselwelt aus Sanddünen und Riffbarrieren spektakuläre Bilder versprach, fand ich trotz meiner innigen Abscheu vor dem Wasser die Idee, im Rennboot durch den Arabischen Golf zu jagen, gar nicht so übel. Noch dazu gemeinsam mit dem Weltmeister.

»Excellent!«, schrie Mr. Hamid übers Handy und überhäufte uns mit Presseausweisen, Einladungen, Akkreditionsschreiben und Backstage-Pässen. Aber als wir anrückten, wusste niemand Bescheid. Der Bereich der Rennboote war aus Sicherheitsgründen für alle gesperrt, der Weltmeister wollte nur mit Sportjournalisten reden, die arabischen Teilnehmer mit niemandem, und vom Mitfahren wäre sowieso nie die Rede gewesen, hieß es. Aber wenn wir wollten, könnten wir uns mit einem irischen Mechaniker unterhalten. *Excellent.*

Na schön. Da wir die Küstenlandschaft nicht vom Boot

Ich habe dasselbe an wie auf dem unteren Bild, aber hier können Sie es besser sehen. Unten bin ich der kleine Punkt auf der Dünenspitze.

Da es Wolpers nicht reicht, dass mir der heiße Wüstenwind zwei Stunden lang Sand in die Augen geblasen hat, kommt er jetzt im Hubschrauber, um den Rest aufzuwirbeln.

Im Bergland von Oman muss man auf der Hut sein, denn es gibt immer noch kriegerische Stämme. Sie sind aber nicht so gefährlich wie mein Team.

Ich spiele Golf mit dem Wirtschaftsminister der Arabischen Emirate.
Damit er sich nicht am Ölpreis rächt, lasse ich ihn gewinnen.

Der Falke hält Ausschau nach Tauben, die er im Fluge fangen und fressen wird. Zum Glück ist mein Gehör in Ordnung.

Der tägliche Drehbeginn: Wolpers küsst mir die Schuhe. Stephan freut sich schon, weil er als nächster dran ist und keine Strümpfe anhat; er hat es nämlich lieber, wenn Wolpers an seinen Zehen saugt.

aus einfangen durften, beschlossen wir, Plan B, das Ganze von oben durchzuführen. Im Unterschied zu Vanuatu besteht in den Emiraten ja nun wirklich kein Mangel an Hubschraubern. Einen hatten wir bereits für unser Anfangsbild im Einsatz gehabt, mit dem würden wir auch die Salzsümpfe abfliegen.

Mr. Hamid fand die Idee hervorragend, geradezu *excellent*. Allerdings benötigten zivile Hubschrauber dafür eine Sondergenehmigung, denn die Küste gehört zum Kontrollgebiet der Flugsicherung und steht zudem unter militärischer Überwachung – der böse Iran direkt gegenüber, und man weiß ja nie. Aber da man touristischen Bedürfnissen gegenüber sehr aufgeschlossen sei, wäre das überhaupt kein Problem, schwor Mr. Hamid telefonisch im Fünf-Minuten-Takt.

Und das stimmte auch. Die Zuständigen waren nicht nur aufgeschlossen, sondern geradezu überwältigend nett: Britische Gentlemen in maßgeschneiderter Pilotenuniform empfingen uns in britischer Clubatmosphäre und servierten Tee mit Milch und Fliegeranekdoten *(»Wir waren gerade im Puff, als der Golfkrieg ausbrach. Nackt sprangen wir in unsere Mühlen und knatterten Richtung Saddam ...«)*

Gemeinsam beugten wir uns über den Tisch mit den Luftkarten, diskutierten Routen und Möglichkeiten, verglichen Pläne mit Erfahrungen – im Golfkrieg kann es nicht vertrauter unter den Alliierten zugegangen sein, auch wenn wir jetzt weder im Puff noch nackt waren. Ein anschließender Probeflug begeisterte uns restlos. Großartige Landschaft, tolle Bilder. Fehlte nur noch eine klitzekleine Kleinigkeit: die Genehmigung von oben.

Kurz vor der vereinbarten Drehzeit teilte uns Mr. Hamid mit großer Begeisterung mit: Jawohl, der Flugplan sei genehmigt worden – allerdings mit einer winzigen Auflage: Zwischenlanden dürfen wir leider nicht, denn das Ganze sei ein Vogelschutzgebiet; Tieffliegen natürlich auch nicht, sonst würden wir vom Radar der Flugkontrolle nicht erfasst, und das sei schließlich zu unserem eigenen Schutz ... aber der Rest wäre überhaupt kein Problem.

Für uns war das sehr wohl ein Problem, denn auf diese Weise würde ich selber gar nie im Bild sein können ... aber vielleicht war das auch ganz gut so. Reine Naturaufnahmen haben ja auch was. Man muss nicht immer alles »zuquatschen«, wie Wolpers so höflich andeutet, wenn er mit meinem Text nicht einverstanden ist.

Mr. Hamid fand es *excellent*, dass wir so viel Verständnis hatten. Denn dann würden wir bestimmt auch verstehen, dass die von uns vorgesehene Route zur Gänze nicht genehmigt werden konnte, weil sie zu dicht an einem Emirspalast vorbeiführt, und das sei strengstens verboten. Wegen Lärmbelästigung, kennen wir ja von zu Hause, und zusätzlich wegen Sichtbelästigung, da sei man hier ganz besonders empfindlich – einen Abstand von zehn Kilometern müsse man schon einhalten. Dummerweise zöge das aber nach sich, dass wir mit der Kontrollzone rund um den Flughafen in Konflikt geraten oder, wenn wir in die andere Richtung auswichen, auf das Gebiet von Abu Dhabi gelangen könnten, wofür wir gar keine Drehgenehmigung hätten. Zwar sei der Palast derzeit geschlossen, doch wurde leider vergessen, die Vorschrift aufzuheben; es wäre daher allein im Ermessen unseres Piloten, ob er die Verantwortung für den ungenehmigten Überflug auf sich nehmen wolle ...

Der Pilot wollte auf gar keinen Fall. Das Risiko, beim Chef anzuecken, sei ihm viel zu groß, erfuhren wir, und fragen wollte er ihn auch nicht ... man könne doch nicht wegen jeder Kleinigkeit zum Chef rennen, schließlich trüge hier jeder seine eigene Verantwortung.

Der Dreh musste komplett abgesagt werden, für den Probeflug gab's eine saftige Rechnung. Tee und Anekdoten waren gratis. *Excellent.*

»*Excellent*«, sagte auch Mr. Hamid, das träfe sich ausgezeichnet, denn er hätte für diesen Tag ohnehin eine viel bessere Geschichte: einen Ausflug zu den Falken, weit draußen in der Wüste.

Der Falke ist wohl das persönlichste Tier der Wüstensöhne, viel mehr noch als das Kamel. Unsummen werden für diese Jagdvögel ausgegeben, noch mehr für ihre Pflege, und da sie fast überall in der Welt unter Artenschutz stehen, sind gut organisierte Schmugglerkolonnen ständig unterwegs, um auch die letzten Nester leer zu rauben, in Asien ebenso wie in Europa. Für ein brutfähiges Ei wird mehr gezahlt als sein Gewicht in Gold. Und da ein edler Falke der größte Stolz seines Besitzers ist, ist der eine ohne den anderen vor der Kamera nicht denkbar. Endlich also würden wir einen RICHTIGEN Araber kennen lernen.

Fast hätten wir die Geschichte verpasst, denn bei der Abfahrt um halb fünf Uhr früh fehlte Nick, der Lockere – er hatte verschlafen. Normalerweise ist dies ein Privileg von Erik, dem Stummen, den wir mehr als einmal wecken mussten. Das war nicht immer ganz einfach. Denn erstens hat er den festen Schlaf des erschöpften Athleten und zweitens musste man ihn erst mal finden, bevor man ihn wecken konnte. Als Tonmeister und Kameraassistent war er für das gesamte Gerät verantwortlich und hatte es deshalb immer in seinem Hotelzimmer untergebracht: ein Dutzend Metallkisten, Monitore, Ladegeräte, Batterien, Unterwasser-Ausrüstung und 100 Kilometer Kabel. Irgendwo dazwischen lag Erik und schlief – aber wo? Manchmal suchten wir eine ganze Stunde, denn das Chaos war unbeschreiblich. Wenn wir alle beim Frühstück saßen und einen verzweifelten Schrei von oben hörten, wussten wir jedesmal: Aha, jetzt hat das Zimmermädchen die Tür zu Eriks guter Stube geöffnet ...

Nick hatte sich ohne Such- und Weckdienst eingefunden, und dann ging es hinaus in die Wüste, die um diese Tageszeit tatsächlich so kalt und so feucht ist, wie es im Reiseführer steht; stellenweise herrschte dichter, deutscher Autobahnnebel. Aber es war wichtig, so früh vor Ort zu sein, denn das erste und intensivste Training der Falken findet gleich nach Sonnenaufgang statt.

Es hat sich gelohnt – es wurde eine wunderschöne Geschichte: der Falke und die Sonne. Der Falke und seine beiden Betreuer, einer aus Ägypten, der andere aus dem Irak. Der Falke und sein indischer Tierarzt. Der Falke und die Taube, die er im Fluge fängt und danach sofort verspeisen darf. Der Falke und die Wüste. Der Falke und der Feuerstein.

Aber leider nicht der Falke und sein Scheich. Der war gerade Ski fahren in Tirol.

Eine Frage der Ehre

Drehplan vom Freitag, 20. Oktober, 09.00 – 12.00 Uhr: *»Feuerstein besucht eine wohlhabende arabische Familie (Mercedes-Händler)«.*

Leider gab es die nicht. Das heißt, es gab sie schon –

wahrscheinlich wimmelt es in den Emiraten nur so von Mercedes-Händlern samt ihren wohlhabenden Familien. Aber an die kamen wir privat nicht ran, da konnte Mr. Hamid noch so wild rumtelefonieren. Vielleicht hätte der Kauf von einem Dutzend gepanzerter Zwölfzylinder die Türen geöffnet, aber dazu war Wolpers wieder mal zu geizig.

Als Ersatz hatte Nick aus seinem Bekanntenkreis einen Taxiunternehmer aufgetan. Der war zwar nicht gerade arm, aber auch nicht reich – höchstens ein einfacher Millionär, was in der Vermögensskala der Emirate die absolute Untergrenze von »wohlhabend« darstellt. Er hatte aber einen unschätzbaren Vorteil: Er war ein echter Araber. Und er war bereit, uns zum Essen einzuladen, das – entgegen allen Regeln der arabischen Gastfreundschaft – von uns selber finanziert wurde. Dafür durften wir drehen.

Das typische arabische Familienhaus ist eine unbezwingbare Festung. Meist kann man es nicht einmal sehen, weil eine hohe Mauer jeden Einblick auf das Grundstück verwehrt. Das Bedürfnis nach ungestörtem, uneinsehbarem Privatleben ist enorm – wofür ich übrigens nicht nur Respekt, sondern auch viel Sympathie habe. Auch ich bin in dieser Hinsicht ein echter Araber und kommuniziere mit Besuchern am liebsten nur durch das Guckloch in der Tür; wenn ich trotzdem jemanden in die Wohnung lasse, bleibe ich immer stehen, in der Hoffnung, dass er dann schnell wieder geht. Meine erste Party im Jahre 1969 war auch meine letzte.

Nur ein einziger Raum im arabischen Haus ist für den Besucher bestimmt. Durch die Haustür gelangt man direkt dort hinein, meist in einen großzügig angelegten Saal, je nach Grad des Wohlstands mehr oder weniger mit Kunst, Dekoration und Firlefanz versehen, aber nur karg möbliert.

Dort sitzt, wartet, redet und speist man, natürlich nur die Männer unter sich, Frauen nimmt man gar nicht erst mit. Und dort verweilt man auch bis zum Schluss. Nur den allerengsten Verwandten ist es gestattet, weiter ins Haus vorzudringen.

Der Empfangssaal unseres Gastgebers war eine Art Garage, aber nicht so gemütlich: ein leerer, weißgetünchter Raum, mit Teppichen ausgelegt, viele Kissen rundherum, aber weder Stuhl noch Tisch. Fünf Gäste und fünf Gastgeber – das Team mit Nick auf der einen Seite, Hausherr, Bruder, Onkel, Schwager und Vater auf der anderen. Gesüßte Datteln wurden gereicht, der traditionelle Willkommensgruß in der Wüste, gefolgt von meiner Dankesrede, die bei den Angesprochenen immer Begeisterung und Entzücken hervorruft, bei meinem ungebildeten Team aber nur verdrehte Augen und Brechreiz: »Wir sind gekommen, um zu lernen, bla-bla-bla.« Dann hockten wir uns auf den Boden und blickten einander erwartungsvoll an.

Nun fällt uns westlichen Sesselmenschen längeres Sitzen auf dem Boden grundsätzlich schwer; ab dem 50. Lebensjahr oder dem 80. Gewichtskilo wird es dann richtig zur Qual, egal, wie viel Kissen man sich hinter, neben oder unter den Hintern schiebt. Ein paar Bierchen hätten enorm geholfen, und in Dubai wäre das auch überhaupt kein Problem gewesen. Aber das Haus stand gerade ein paar Meter jenseits der Grenze, in Sharjah, und da wacht Allah über Nüchternheit, auch wenn der Rücken noch so schmerzt.

Alle Viertelstunde gab es ein leichtes Gepolter an der Pforte zum Familienleben; dann ging der Hausherr hinaus und kam mit einem neuen Gericht wieder. Das Essen war endlos, üppig und nicht allzu exotisch, so dass sogar Wolpers hin und wieder an einem Salatblatt nagte. Mit Apfelsaft und Fanta prosteten wir uns lächelnd zu. Auf die Völkerfreundschaft.

Natürlich hätte dabei immer noch eine hübsche Geschichte rauskommen können: Besuch bei einer typischen Familie mit ihren Sorgen und Nöten am Wüstenrand. Aber erstens kriegt man die Familie nicht zu sehen und zweitens hat man in den Emiraten weder Sorgen noch Nöte. Also machten wir Konversation. Wir redeten über Allradantrieb, Meerwasserentsalzung und den Anbau von Kartoffeln im Sand und litten unsäglich unter Langeweile und Knochenschmerzen.

Schon nach wenigen Minuten war klar: Für unseren Film war diese Geschichte unbrauchbar. Stephan und Wolpers haben für so einen Fall ein Geheimzeichen: Aus Höflichkeit läuft dann zwar die Kamera weiter, aber ohne Band. Ich wette, dass sie das hin und wieder auch bei mir machen, aber das Zeichen dafür habe ich noch nicht rausgekriegt.

Mit Krämpfen in den Beinen humpelten wir irgendwann zum Auto. Nick hatte es nett gemeint und die Leute waren ja auch ganz rührend, aber das Ganze war verlorene Liebesmüh.

Bei der Abendbesprechung überlegten wir bereits, einen echten Araber aus Deutschland einfliegen zu lassen, vielleicht vom Studenten-Schnelldienst oder aus dem Komparsenverzeichnis einer Filmproduktion. Aber dann hatte Mr. Hamid doch noch einen für uns. Und was für einen!

Scheich Ahmed ist einer der ganz Wichtigen in Dubai: Mitglied des Wirtschaftsrates, Chef der Emirats-Fluglinie und Tourismusminister. Ein Bilderbuch-Araber im handbestickten Dishdasha, das Bärtchen ebenso gepflegt wie sein Oxford-Englisch, die perfekte Kombination von Wüstensohn und Gentleman, der fleischgewordene Lusttraum in der Haremsfantasie Millionen deutscher Hausfrauen.

Mit dem ging ich Golf spielen!

Der Emirates Golf Club ist ein weiterer Beweis dafür, dass man – entgegen unserer moralistischen Hoffnung – mit Geld doch alles machen kann. Mit Hilfe von täglich fünf Millionen Litern Wasser wurde aus einem Stück lebensfeindlicher Sandwüste ein tropischer Naturpark erzaubert, mit Blumen, Bäumen, Tieren und einem Rasen, der Halm für Halm mit der Nagelschere gestutzt zu werden scheint. Er gilt als einer der edelsten der Welt und ist bestimmt der gepflegteste – jedenfalls bis zu dem Augenblick, an dem ICH darauf herumgebolzt habe. Aber Gras wächst ja nach.

Er war ein verdammt guter Spieler, das merkte ich schon beim ersten Loch, aber mich reizen Herausforderungen, und deshalb schlug ich vor, um Geld zu spielen. Und da ich nicht kleinlich bin, knallte ich 20 Dollar hin. Mein Kumpel, der Scheich, hatte nichts Bares dabei – typisch für Milliardäre –, und setzte deshalb seine Rolex dagegen. Leider verlor ich, aber was soll's, das war eben mein Beitrag, dass die Ölpreise damals ein Weilchen stabil blieben.

Und so fuhren wir im Golfcart durch die Welt des puren Luxus, plauderten locker über Großwildjagd und Jachtenpreise, und fast war ich geneigt, meine neu erworbenen Beziehungen spielen zu lassen und ein gutes Wort für den armen Seelmann-Eggebert einzulegen, damit er endlich sein Interview beim Emir kriegt. Aber dann dachte ich mir: Nein, der soll warten, der gehört nicht in unsere Kreise.

Es wurden tolle Bilder, und sie ergaben eine großartige Geschichte, einen Höhepunkt im Arabien-Film: Nobelscheich trifft Fernseh-Playboy. Und alle Welt wusste nun: Feuerstein hat die besten Beziehungen zu den höchsten Emirats-Kreisen.

Was alle Welt freilich NICHT wissen konnte, war die

Tatsache, dass wir hinterher aus dem Golfclub rausgeflogen sind.

Mr. Millar, der schottische Manager des Clubs, hatte uns mit der herablassenden Würde eines Lordsiegelbewahrers durch die Anlagen geführt und anschließend zusammen mit Scheich Ahmed zum Lunch gebeten. Dieser hatte aber noch einen eiligen anderen Termin und verschwand sofort nach dem Spiel. Also machten wir uns allein auf den Weg in die Nobelkantine – doch siehe da: Der Maître verwehrte uns den Zutritt. Ich dachte zuerst, das sei wegen Wolpers, und dafür hätte ich auch Verständnis gehabt. Aber es war wegen Stephan. Wegen seiner Hose.

Nun ist das tatsächlich so eine Sache mit Stephans Hose, und ich habe selber darauf bestanden, dass in seinem Arbeitsvertrag für die vierte Reise steht, er dürfe nur mitkommen, wenn er sich eine neue Hose besorgt. Aber Arabien war ja erst unsere zweite Reise, und außerdem weiß jeder Profi, dass Kameraleute ständig durch Pfützen waten und auf Bäume klettern müssen und dabei natürlich keine Designer-Klamotten tragen können. Obwohl Stephan echt übertreibt. Denn man muss ja nun wirklich nicht jahrelang mit DERSELBEN Hose durch Pfützen waten und auf Bäume klettern.

Aber egal, in welch tragischem Zustand seine Hose auch war – ich konnte natürlich nicht zulassen, dass sich ein Ober in die Kleiderordnung meines Teams einmischt. Schon gar nicht, wenn wir geladene Gäste sind. Also stürmte ich wütend hoch in Mr. Millars Schaltzentrale. Aber der zuckte nur gelangweilt mit den Schultern und ließ mich spüren, dass ich ohne meinen Kumpel, den Minister, ein Niemand war. »Das sind unsere Regeln«, meinte er. Und dann reichte er mir vier goldene Cross-Kugelschreiber mit dem aufgeprägten Wappen des Golfclubs. »Nehmen Sie das als Ersatz.«

Das war eine ausgesprochene Beleidigung, eine Frage der Ehre, und ich hätte ihm die vier Stifte auf der Stelle in den Arsch schieben müssen. Aber in den Emiraten herrscht als Strafgesetzordnung die Scharia, und diese vergilt bekanntlich Gleiches mit Gleichem. Weil ich im Analbereich sehr empfindlich bin, und feig noch dazu, zuckte ich ebenfalls mit den Schultern und ging. Die Kugelschreiber nahm ich mit – natürlich nur für mein Team. Selber würde ich so eine Demütigung niemals im Leben hinnehmen.

Um das Gesicht nicht zu verlieren, flunkerte ich den dreien vor, Mr. Millar hätte sich tausendmal entschuldigt und mir versprochen, den Maître sofort zu feuern; vom Essen hätte er uns abgeraten, das wäre heute ohnehin nicht so gut. Danach verteilte ich die Trostpreise.

Einen goldenen Kugelschreiber habe ich dann doch behalten. Für den Fall, dass ich Mr. Millar mal in einem Land treffen sollte, in dem die Scharia nicht gilt. Natürlich benutze ich das Ding nicht. Höchstens zum Schreiben.

Der Bewacher

Nach dem akuten Arabermangel in den Emiraten hatten wir in Oman einen Araberüberschuss. Die Typen wurden uns buchstäblich vor die Kamera geschoben. Auf Wunsch des Sultans.

Das klingt recht seltsam, und ich will es auch gleich erklären. Aber seien Sie bitte nicht ungeduldig, denn dazu muss ich ein wenig ausholen.

Während es in den Emiraten viermal so viele Gastarbeiter wie Einheimische gibt, ist das Verhältnis in Oman umgekehrt: Knapp 500000 Fremde gegenüber 1,8 Millionen Omanis. Und dabei soll es nicht bleiben. Unter dem Namen »Omanisierung« hat die Regierung schon vor einigen Jahren – nach bewährtem europäischen Vorbild – eine »Ausländer raus«-Bewegung eingeleitet, die deutlich zu greifen beginnt: Alle Anwerbungen wurden eingestellt, Arbeitsgenehmigungen für Gastarbeiter werden nur noch erteilt, wenn nachgewiesen werden kann, dass es für diesen Job keinen Inländer gibt, und die Staatsbürgerschaft erheiraten kann man sich auch nicht mehr – Mischehen sind verboten, Kindern mit Ausländern wird die Staatsbürgerschaft verwehrt.

Der Grund dafür ist wirtschaftlicher Zwang. Denn anders als in den Emiraten sind Omans Erdölvorräte begrenzt. Gerade noch zwanzig Jahre dürfte der Segen währen, bis dahin muss die Umstellung erfolgt sein: vom Schlaraffenland zum Bruttosozialprodukt, von den Omanis selbst erschuftet durch Handel und Industrie, sowie neuerdings auch durch Tourismus.

Im Unterschied zu vor nicht mal dreißig Jahren, als Oman noch eine unzugängliche, mittelalterliche Festung war, ist man deshalb heute vom Besuch ausländischer Kamerateams durchaus angetan, weil man sich davon Werbung für das Land verspricht. Natürlich möchte man, dass nur die positiven Seiten gezeigt werden – das möchte jede Tourismusbehörde der Welt. Da aber in Oman, ähnlich wie in den Emiraten, ein allmächtiger Sultan regiert, der keinen Widerspruch duldet, belässt man es hier nicht beim Möchten, sondern macht zielstrebig ein Müssen daraus. Zunächst durch das süße Gift der Versuchung. Und wenn das nicht zieht, dann durch ein bisschen Druck.

Die Versuchung hatte es in sich: Man hatte uns signalisiert, dass Oman von Herzen gastfreundlich sei; alles würden wir gratis bekommen: Flüge, Transport, Hotel, ohne Gegenleistung und Verpflichtung ... außer der winzigen Kleinigkeit, dass wir vor der Ausreise das Filmmaterial vorzeigen und nur jene Szenen verwenden sollten, die vom Touristenamt abgesegnet seien. Statt der Keuschheitsschleuse beim Eintritt in die Emirate ein Oman-Gütesiegel auf dem Weg raus.

Das kam natürlich nicht in Frage. Nicht weil ich ein unbestechlicher Moralist bin, das nimmt mir sowieso keiner ab. Sondern weil durch so eine Einschränkung nicht nur Spannung und Spaß bei der Arbeit, sondern vor allem persönliche Handschrift und Identifizierung auf der Strecke bleiben. Aus meiner journalistischen Vergangenheit habe ich genug Erfahrung mit »Werbereisen auf Einladung« gemacht, um nicht zu wissen, dass dabei nichts anderes rauskommt als Hofberichterstattung. Es reicht, dass mir Wolpers dauernd dreinredet. Da will ich nicht auch noch ein ganzes Touristenamt.

Zum Glück ist auch der WDR, obwohl sonst knausrig bis zur Erpressung, in punkto Schleichwerbung die letzte moralische Bastion in der Fernsehlandschaft; während in anderen Reisesendungen die Hotelnamen und Schmierentipps nur so vom Bildschirm tropfen, verzichtet mein großer Sender auf schwarze Kassen dieser Art und spart lieber an uns. Und zum weiteren Glück ist auch mein lieber und großartiger Produzent Wolpers – um auch mal was Gutes über ihn zu sagen – durch und durch unbestechlich, obwohl er das finanzielle Hauptrisiko trägt. Wobei ich einschränken muss:

Ganz sicher bin ich mir da natürlich nicht. Könnte nämlich durchaus sein, dass ihn gar niemand bestechen WILL, weil er so unsympathisch ist. Und je mehr ich darüber nachdenke, desto klarer wird mir: Ja, so ist es. Ich wette, Wolpers ist bestechlicher als ein Nadelkissen, wenn er die Chance dazu hat.

Jedenfalls widerstanden wir der Versuchung und lehnten höflich dankend ab: Wir wollen nichts umsonst. Als Antwort kriegten wir doch was umsonst. Nämlich einen Bewacher.

Wie für die meisten Länder braucht man auch für Oman ein spezielles Journalistenvisum, wenn man dort drehen will. Das muss man bei der Botschaft – damals noch in Bonn – ein paar Wochen im Voraus beantragen, damit die guten Leute Gelegenheit haben, sich in Ruhe ein klares Bild über Person und Absicht des Berichterstatters zu machen. Sie nehmen das genau und lassen nicht jeden ins Land. Über den Antragsteller wird ein richtiges Dossier abgefasst, und zwar, wie ich erst hinterher erfahren hatte, von einem Profi aus unseren eigenen Reihen: dem Mitarbeiter einer bekannten deutschen Tageszeitung, der im Geheimdienst Seiner Majestät des Sultans sortiert, wer von den Kollegen Omantauglich ist und wer nicht, natürlich gegen Honorar. Da ich es nicht beweisen kann, will ich seinen Namen nicht nennen. Aber falls ich ihn noch VOR Mr. Millar treffe – und er nicht zu groß und stark ist –, schiebe ich ihm den Golfclub-Kugelschreiber in den Arsch.

Das Visum kam schnell und ohne Probleme, die Tauglichkeitsprüfung hatten wir also bestanden. Ein paar Zweifel schienen aber doch geblieben zu sein, denn gleich nach der Ankunft in Muscat, der omanischen Hauptstadt, wurden wir zum Antrittsbesuch ins Informationsministerium zitiert. Wahrscheinlich stand im Vorausdossier die Wahrheit: »Achtung, da kommt ein Profi-Blödler, harmlos, aber unberechenbar.« Da wollte man sich natürlich eine persönliche Meinung bilden.

In einem absolutistisch regierten Staat wie Oman erwartet man als Informationsministerium eine Art Orwell'sche Manipulationsbehörde, eine Gedankenfabrik, in der Robotermenschen in weißen Schutzanzügen aus Riesenbottichen synthetisch erzeugte Informationen schöpfen und den Bürgern ins Ohr träufeln. Stattdessen wurden wir in einen Palast unterer Rangordnung geleitet, ein eher bescheidener Bau, gemessen an der sonst gezeigten Herrscherpracht Omans. Eine laxe Sicherheitskontrolle, ein langer Flur mit dunklen Zimmern, ein paar schläfrige Angestellte – und dann ein Typ direkt aus einem englischen Spionagefilm: Mr. Ashworth.

Wer wie ich Feuerstein heißt und deshalb ständig dumme Sprüche über den Namen zu hören kriegt, macht selber keine solchen über andere. Das hindert mich aber nicht, ins Schwärmen zu geraten, wenn ein Name ganz besonders zu seinem Inhaber passt und ihn beschreibt, bevor man ihn noch kennt; Ralph Regenvanu hatte ich im Kapitel zuvor als Beispiel dafür genannt; auch Boutros Boutros Gali, der ehemalige UNO-Generalsekretär, fällt mir dazu ein, ein Diplomat, den sein Amt stets zur selben Aussage zwingt – eigentlich müsste er Boutros Boutros Boutros heißen; oder der Wiener Politiker Schüssel, der für mich direkt aus dem *Sommernachtstraum*, stammt, ein österreichischer Zettel, die perfekte Besetzung im Rüpelspiel. Oder Fritz Pleitgen, der WDR-Intendant, der in seinem Namen die Wirtschaftslage seines Unternehmens so ehrlich-stolz präsentiert.

Als ich von unserer Audienz bei einem »Mr. Ashworth« hörte, entstand in mir sofort ein Fantasiebild, wer er sein müsse: ein ehemaliges Mitglied vom MI5, der geheimsten Abteilung des britischen Geheimdienstes, so geheim, dass dort selber niemand weiß, was er tut, weshalb es auch immer wieder zu Skandalen kommt. Nach einem solchen Skandal wurde er nach Diego Garcia versetzt, dem bekannten Lauschposten Ihrer Majestät zwischen Asien und Afrika. Von dort steuerte er kleinere Operationen in Oman, wo die Briten in den siebziger Jahren dem Vater des heute regierenden Sultans bei den Stammeskriegen halfen und später den Sultan selber an die Macht hievten. Aus Dankbarkeit dafür wurde ihm von diesem nach seiner Pensionierung der Job im Informationsministerium angeboten, als Oberster Filter für ausländische Journalisten, zusammen mit einer Speziallizenz zur Einfuhr schottischen Whiskys auch während des Ramadan. Da er wegen eines weiteren Skandals – er hatte sowohl Graham Greene als auch Eric Ambler die Exklusivrechte für seine Biografie verkauft – England ohnehin verlassen musste, nahm Ashworth den Auftrag an und übersiedelte nach Muscat, wo er seither mit dem Bassethund Manchester und seinem Butler Smiley in einer Stadtrandvilla mit Meerblick wohnt.

Schon möglich, dass ich Mr. Ashworth unrecht tue. Vielleicht war er in Wirklichkeit vorher nur Briefträger oder Totengräber . . . aber bei diesem Namen stellt sich seine Biografie für mich nun mal zwingend so dar. Zumal er auch äußerlich die Erwartung erfüllte: eine Mischung von Charles Laugthon und Orson Welles, mit der etwas zu lauten Herzlichkeit von professionellen Ausspähern. Ich spürte sofort, dass sich hinter scheinbar so harmlosen Floskeln wie »Wie geht's?« und »Was halten Sie von der Hitze hier?« die Fangfragen eines routinierten Verhörspezialisten verbargen. Da ich gut vorbereitet war, ließ ich mich nicht in die Falle locken und antwortete auf die erste Frage geschickt: »Gut!« Und auf die zweite geradezu genial: »Viel.« Sie sehen, so leicht lasse ich mich nicht knacken.

Ich hielt meine übliche »Wir-sind-gekommen-um-zu-lernen«-Rede, und Mr. Ashworth gähnte. Aber ich wusste, das war Tarnung. Bestimmt nahm er sie heimlich auf Tonband auf, um sie hinterher in aller Ruhe auf verschlüsselte Botschaften zu überprüfen. Denn sicher hatte er längst gemerkt, dass ihm in mir ein mindestens gleichwertiger Profi gegenübersaß.

Ich machte mich auf ein langes, erbarmungsloses Kräftemessen gefasst. Aber siehe da: Schon nach wenigen Sätzen verabschiedete er uns. Gegen Route und Drehplan hatte er keinerlei Einwände. Er behielt nicht mal Wolpers als Geisel, obwohl ich fest damit gerechnet hatte ... schade. Und dann wünschte er uns gute Reise. Morgen früh könnten wir loslegen.

Als wir am nächsten Morgen unseren Kleinbus beluden, tauchte ein Unbekannter auf, ein bärtiger Omani im Dishdasha und der bestickten Kumma-Mütze, die man hier statt des Kopftuchs trägt. Er stellte sich als Mr. Babu vor und sagte, er wäre unser Fremdenführer. Das war höchst erstaunlich, weil wir ja schon einen Reiseleiter hatten: den robusten, immer jovialen Ole aus Norwegen. Nick war nur für die Emirate zuständig gewesen. Ole sprach arabisch und kannte jeden Winkel von Oman.

Aber Mr. Babu ließ sich nicht abschütteln. Er wäre beauftragt, sagte er. Von Mr. Ashworth.

Ich lief ins Hotel zurück und rief im Ministerium an – gratis übrigens, für Ortsgespräche zahlt man in Oman keinen Baiza. Wieso er uns einen Bewacher geschickt hätte, fragte ich ihn, das fänden wir überhaupt nicht gut.

Wahrscheinlich hatte ich mich nicht sehr geschickt ausgedrückt, jedenfalls reagierte der vorher so herzliche Mr. Ashworth ziemlich ungehalten. »Von wegen Bewacher... lächerlich! Das ist ein harmloser kleiner Fremdenführer. Ich wollte Ihnen nur einen Gefallen tun! Ich wollte Ihnen helfen!« Und dann begann er regelrecht zu brüllen: »Sagen Sie ihm, er soll wieder nach Hause gehen! Schicken Sie ihn weg! Sie werden schon sehen, wie Sie dann weiterkommen!«

Also ging ich wieder runter und bat Mr. Babu in höflichen Worten – einzusteigen. Ich hatte weder die Zeit noch die Lust rauszufinden, wie wir ohne ihn weiterkommen würden. Außerdem lasse ich mich leicht einschüchtern. Und deshalb war Mr. Babu von nun an bei jedem unserer Schritte dabei. Bis zur Abreise.

Wir brauchten es nicht zu bereuen. Denn er erwies sich als ein recht nützlicher Fremdenführer. Hilfsbereit, höflich und pflegeleicht. Er blieb nie zum Abendessen und übernachtete auch nie in unseren Hotels, sondern war die Nacht über immer verschwunden – samt Fahrer und Auto, so dass wir jeden Morgen mehr oder weniger hilflos auf ihn warten mussten. Und es stellte sich schnell raus, dass er wesentlich mehr war als Mr. Ashworths »harmloser, kleiner Fremdenführer«. Von ihm ging eine unsichtbare, fast unheimliche Macht aus: Unbekannte, die er ansprach, erfüllten sofort seine Wünsche, Polizisten nahmen Haltung an, nie wurde ihm etwas verweigert. Und da er sich offenbar rasch überzeugt hatte, dass wir das Sultanat weder abschaffen noch lächerlich machen, sondern wirklich nur Land und Leute kennen lernen wollten, ebnete er auf wunderbare Weise alle unsere Wege.

Wer war er bloß? Ein Ministerialbeamter? Ein Geheimdienstoffizier? Der omanische Boss von Mr. Ashworth?

Oder etwa gar der Sultan selbst, der sich wie einst Harun al-Raschid gelegentlich unbekannt unters Volk mischt?

Nur in einem Punkt war Mr. Babu hartnäckig, ja, geradezu lästig: bei der Frage, wer vor die Kamera kommt.

Ich hatte schon eingangs auf die »Omanisierung« hingewiesen, auf die Regierungskampagne »Oman den Omanern«, die aber offenbar gar nicht so leicht durchzusetzen ist. Durch den derzeit noch herrschenden Reichtum verwöhnt, sehen die Einheimischen überhaupt nicht ein, warum sie plötzlich selber den Boden bestellen oder sich als Industriearbeiter verdingen sollen, wo es doch immer noch so viele billige und willige Gastarbeiter gibt. Aber der Sultan will es nun mal so, und Mr. Babu sorgte für die Umsetzung. Oder jedenfalls dafür, dass es so aussieht.

Also lief er ständig vor uns her und scheuchte Fremdarbeiter aus dem Bild. Nur echte Omanis sollten vor die Kamera. Dabei kam es zu völlig absurden Szenen wie zum Beispiel auf den Äckern, wo sich Dutzende von indischen Landarbeitern hinter Büschen verstecken mussten, während Mr. Babu die würdigen alten Gutsherren zwang, persönlich den Pflug zu führen und hinter dem Ochsen herzuschreiten – Bilder biblischer Kraft, aber trügerischer Botschaft.

Nur ein einziges Mal konnten wir ihn austricksen, im berühmten Basar von Mutrah, als ich vor der Kamera die Kunst des Feilschens demonstrieren wollte – auch hier ausschließlich Ausländer in den Läden. Mr. Babu machte sich auf den Weg, um einen Omani zu suchen, und suchte fast eine Stunde vergebens. In der Zwischenzeit hatten wir die Szene mit einem indischen Stoffhändler gedreht. Der war dann auch der einzige Nicht-Araber im Oman-Teil unseres Films.

So weit also meine Erklärung für den ersten Satz dieses Kapitels über den »Araber-Überschuss«. Ich weiß, sie ist etwas umständlich geraten, aber dafür habe ich mich schon im Voraus entschuldigt. Im Übrigen sollten Sie froh sein, dass ich nicht versucht habe, Ihnen die Relativitätstheorie zu erklären.

Schöner herrschen

Was sind wir Demokraten doch für ein kleinlicher Haufen. Da jagen wir gute Leute aus dem Amt, weil sie eine lächerliche Spendenquittung nicht finden können oder mal im Privatflugzeug von Freunden getrampt sind – und hier gibt es einen Sultan, dem alles gehört. Und mit »alles« meine ich alles: Geld, Besitz, Macht, einfach wirklich ALLES.

Sultan Qabus bin Said al Said ist einer der letzten absoluten Monarchen dieser Welt. Er erlässt die Gesetze und hebt sie wieder auf, er ernennt die Minister und setzt sie wieder ab, und er ist natürlich der oberste Feldherr. Es gibt zwar die Ash'Shura, eine gewählte Volksvertretung, aber die hat nur beratende Funktion – hauptsächlich berät sie wahrscheinlich darüber, womit man dem Sultan Freude machen könnte. Politische Parteien oder gar Gewerkschaften gibt es nicht.

Das klingt nicht gerade progressiv, ist es im Ergebnis aber erstaunlicherweise doch. Denn ein solches System hat den Vorteil, Reformen und Verbesserungen in rasantem Tempo vorantreiben zu können, ohne sich lange mit Gegnern, Gerichten und Bürgerinitiativen abquälen zu müssen. Voraussetzung dafür ist allerdings ein progressiver, uneigennütziger Monarch – und Sultan Qabus scheint tatsächlich zu dieser seltenen Spezies zu gehören. Das wird einem nicht nur durch die hochaktive PR-Maschinerie des Landes eingehämmert, das sagen auch alle Beobachter und Diplomaten. Verglichen etwa mit Saudi-Arabien sei Oman der Inbegriff von Fortschritt und Liberalität. Trotz Mr. Ashworth.

Das war weiß Gott nicht immer so. Nicht einmal ein halbes Jahrhundert ist es her, da zählte Oman trotz seiner großen Vergangenheit als Beherrscher der afrikanischen Ostküste zu den rückständigsten Ländern der Welt. Sultan Said bin Taimur, Vater und Vorgänger des heutigen Herrschers, verfügte über sämtliche Eigenschaften, die ein progressiver Monarch auf keinen Fall haben darf: Er war intolerant, habgierig und bildungsfeindlich, und hatte außerdem Angst vor seinen Untertanen. Er lebte eingemauert in seiner Festung in Salalah, im tiefsten Süden des Landes, schon fast an der jemenitischen Grenze, und obwohl er 150 Haremsfrauen besaß, fand er immer noch die Zeit, von seinem Turm aus per Fernglas die Untertanen zu beobachten. Wenn er was Verbotenes sah, schickte er sofort seine Häscher aus – und verboten war so ziemlich alles: Rauchen, Fahrrad fahren, Radio hören sowie das Tragen von Brillen und Hosen. Auf Stephans Hose stand bestimmt die Todesstrafe.

Oman war damals von der Außenwelt hermetisch abgeschlossen. Die Einfuhr von Zeitungen oder Büchern war untersagt, denn Said war auch ein religiöser Eiferer, und wer in sein Land wollte, musste den Sultan persönlich um Erlaubnis fragen – niemand außer ihm durfte ein Visum ausstellen. Da er ständig Verschwörungen und Anschläge vermutete, ließ er fast das gesamte Kriegsgerät des Landes im Palast einlagern; den Inhalt der Staatskasse hatte er in bar in seinem Schlafzimmer versteckt. Ob Helmut Kohl bei ihm abgeguckt hat?

Nun geht es auch einem absoluten Monarchen nicht viel anders als dem Vater in einem kinderreichen Haushalt: Nur dort, wo er sich durchsetzen kann, ist er allmächtig. In einem so riesigen, unzugänglichen, wilden Bergland wie Oman kann der Widerstand gar nicht ausbleiben. Vor allem von den stolzen Bergstämmen, die sich seit jeher weigerten, irgendeine fremde Autorität anzuerkennen – im benachbarten Jemen ist es heute noch so. Nur der aus den eigenen Reihen gewählte Religionsführer, der Imam, hat bei ihnen das Sagen.

Einer davon war damals ganz besonders störrisch – und mächtig wie kein anderer: Imam Ghalib. Mit diskreter Unterstützung durch Saudi-Arabien zettelte er immer wieder Unruhen an. Mitte der fünfziger Jahre kam es dann zum richtigen Krieg.

Zum Glück für den Sultan fand man genau um diese Zeit das erste Erdöl in Oman. Sofort erinnerten sich die Briten, dass sie immer schon die echten und einzigen Freunde des Landes gewesen waren, und halfen Said bin Taimur mit Truppen und Geld, den aufmüpfigen Imam zu besiegen. Dabei war man nicht gerade zimperlich: Tanuf, das letzte Zentrum des Widerstands, wurde 1959 durch einen Luftstreich der Engländer dem Erdboden gleichgemacht.

Während sich Vater Said mit seinem aufmüpfigen Volk prügelte, lernte Sohn Qabus in einer edlen englischen Privatschule die feinen Manieren und besuchte anschließend die Königliche Militärakademie in Sandhurst, als deren Kadett er sogar sechs Monate lang in Deutschland stationiert war, in der britischen Rheinarmee. Danach studierte er Staatswissenschaft. Als er 1966 zurückkam, war er ein perfekter Gentleman.

Das gefiel dem Vater überhaupt nicht. Als Gegenmaßnahme verbot er ihm als Erstes die europäischen Anzüge. Dann steckte er ihn jahrelang in eine strenge, islamische Universität. Und zuletzt nahm er ihm seine Schallplattensammlung weg. Das aber war zu viel. Als Antwort gab es einen Staatsstreich: Qabus entmachtete seinen Vater.

Ich weiß, das mit den Schallplatten klingt wie eine meiner üblichen Übertreibungen. Aber es stimmt. Es ist eine historisch gesicherte Anekdote, die unser Rechercheur Wolfgang Dürr in der Vorbereitung unserer Reise ausgegraben hat. Außerdem ist hinlänglich bekannt, dass Sultan Qabus nicht nur Bach und Beethoven schätzt – er hat ein eigenes Sinfonieorchester ins Leben gerufen, das einzige in Arabien, so weit ich weiß –, sondern dazu auch fröhliche Operetten. Ich kann sogar persönlich für seine Musikliebe bürgen, denn ich kenne eine Musiklehrerin, die vor Jahren in der Schweiz der Gattin des Sultans Klavierunterricht erteilt hatte. Noch heute gerät sie in Entzücken über diesen »edlen, wunderschönen Mann«, wie er im Türrahmen stand und sich alle paar Minuten nach den pianistischen Fortschritten seiner Frau erkundigte. Leider habe ich das erst nach unserer Reise erfahren, sonst hätte ich vielleicht auf dem Umweg über das »Weiße Rössl« Zugang zum Palast gefunden – ich habe darin mal den »Kaiser« gespielt. Vielleicht wäre er an einem Treffen unter Monarchen interessiert gewesen? Wobei ich freilich meine Macht sofort benutzt hätte, das Sinfonieorchester von Oman wieder abzuschaffen. Denn es klingt grausam – ich hatte mal im Hotel eine Fernsehübertragung mitgekriegt.

Na schön, bei seinem Putsch werden sicher auch andere Gründe mitgespielt haben als allein die Wut über die konfiszierten Scheiben. Jedenfalls übernahm Qabus im Juli 1970 durch einen unblutigen Staatsstreich die Macht. In der offiziellen Lesart heißt es, der alte Herr hätte abgedankt, die historische Wahrheit lautet: Der sture Despot musste ins Exil – ausgerechnet nach England. Seine 150 Haremsfrauen ließ er zu Hause.

Normalerweise verwandeln sich edle Revolutionäre sehr schnell in raffgierige Bösewichter – halb Afrika ist ein trauriges Zeugnis dafür. Aber in Oman vollzog sich ein kleines Wunder: Der progressive Dreißigjährige verwandelte sein Land in einen Musterstaat und ist heute auch als Sechzigjähriger immer noch der weitaus fortschrittlichste Landesherr der arabischen Halbinsel. Man kommt tatsächlich aus dem Staunen nicht heraus, was in drei Jahrzehnten hier alles passierte: Aus 8 Kilometern Asphaltstraße wurden 5000, aus 3 Schulen wurden 900 und aus 0 Krankenhäusern 50. Noch immer ist der Sultan Herr über allen Grund und Boden, aber wenn ein Omani will, dann kriegt er kostenlos was davon ab. Einzige Voraussetzung ist, dass er deutlich seine Nutzungsabsicht zeigt. Und so sieht man auf Überlandfahrten immer wieder eingezäunte Flächen, auf denen nichts als ein Türrahmen steht. So einfach wird man hier Grundbesitzer.

Da fragt man sich natürlich: Muss es bei so viel Edelsinn und Bürgerwohl nicht irgendwo einen Haken geben?

Den gibt es auch: den seltsamen Schönheitssinn des Sultans. Wahrscheinlich war er irgendwann mal in Disneyworld und entdeckte dort die Niedlichkeit.

Trotz ihrer Kargheit ist die Landschaft Omans von überwältigender Schönheit: die Geröllhalden der Berge, die

Schluchten der Wadis, die Steilküste mit ihren Fjorden, der dramatische Übergang, wo sich die Wüste in die Ausläufer der Berge frisst.

Dem Sultan war das zu wenig. Und so erfand er die »*beautification*«, das Verschönerungsprogramm für die Natur: Unzählige Plastikblumen und Spritzgussfiguren lauern überall am Straßenrand, man hat sie unausweichlich im Blickfeld. Wer wegschaut, riskiert, von der Straße zu fliegen. Da eine Palme, dort eine Amphore, drüben auf der Anhöhe ein künstlicher Wachturm, immer in den schönsten Zuckerfarben. Und überall diese verdammten Oryxe.

Die weiße Oryx *(Oryx gazelle leucoryx)* war einst die klassische Antilopenart dieser Gegend, bekannt schon aus Tausendundeiner Nacht. Da aber für die Araber alles, was auf Tierköpfen wächst, als Potenzmittel gilt, wurden sie gnadenlos gejagt – die letzten sechs dieser Antilopen erlegte man hier im Jahre 1970.

Wieder war es unser aufgeklärter Sultan Qabus, der zu Hilfe kam: Er besorgte Tiere aus verschiedenen Zoos und kümmerte sich um deren Auswilderung – so erfolgreich, dass heute wieder über 300 Oryxe in den Bergen leben.

Bis hierher wäre das eine wunderbare Geschichte von der Errettung einer vom Aussterben bedrohten Tierart. Aber leider reichte es dem Sultan nicht. Vor allem wurmte ihn, dass die regenerierten Tiere so scheu waren und sie niemand zu Gesicht bekam. Deshalb ließ er ein paar tausend aus Kunststoff gießen und sie einzeln alle paar Kilometer an den Straßenrand stellen.

Obwohl ich sonst ein großer Tierfreund bin, habe ich zum ersten Mal in meinem Leben bedauert, dass eine Spezies nicht ausgestorben ist.

Wenn Kamele Trauer tragen

Es kommt selten vor, dass ich dasselbe Reiseziel mehrmals besuche. Das liegt zum einen Teil an meiner Neugier, weil der Humboldt, der Livingstone, der Amundsen in mir nie zur Ruhe kommen und ich bisher noch keine Ecke der Welt kennen lernte, die nicht auf irgendeine Art eine Bereicherung brachte; und zum anderen Teil an einer simplen Lebenserfahrung: Wenn es irgendwo besonders schön war, wird der zweite Besuch unweigerlich ein Reinfall. Und wo es einem beim ersten Mal nicht gefallen hat, will man sowieso nicht mehr hin.

Es gibt aber Ausnahmen, Orte und Gegenden, zu denen es mich aus den verschiedensten Gründen immer wieder hinzieht. Dazu gehört New York, wo ich die zehn schwierigsten Jahre meines Lebens verbracht hatte; aber auch San Francisco, die Stadt mit der höchsten Lebensqualität nach meinem Bedarf. Ganz bestimmt auch London – ich werde nach meiner Wiedergeburt als schwuler Butler einer älteren Opernsängerin gewiss noch mal ein halbes Leben dort verbringen, und die zweite Hälfte dann auf einem Landsitz in Schottland, umgeben von Sümpfen und zärtlichen Depressionen. Und schließlich die große Hassliebe, meine österreichische Heimat, die mich in gewissen Abständen fast zwanghaft anlockt, um dort lustvoll zu schaudern.

Auch nach Oman bin ich inzwischen ein zweites Mal gereist. Und zwar aus einem ganz speziellen Grund.

Da Wolpers meine Vorliebe für edle Hotels kennt – sie sind mein einziges Luxus-Laster, in fast allen anderen Dingen bin ich ein Asket –, aber aus Budgetgründen gezwungen ist, uns in Vier-Sterne-Absteigen zu zwingen, wollte er mir das berühmte »Al Bustan«-Palasthotel von Muscat gar nicht erst zeigen. Aber irgendwie kamen wir doch dort vorbei.

Das Al Bustan ist wirklich ein sagenhafter Schuppen. In die Berge gehauen, an einer einsamen Bucht, für die ein ganzes Dorf evakuiert wurde, weil sie vorher nicht einsam genug war, und märchenhaft verschwenderisch ausgestattet. Sultan Qabus hat es nach dem Vorbild eines Königspalastes erbauen lassen; das oberste Stockwerk ist allein seinen Staatsbesuchern vorbehalten, unzugänglich für gewöhnliche Hotelgäste. Insgesamt mag es vielleicht ein wenig bombastisch geraten sein, doch nach meinem Geschmack gehört es eindeutig zu den gelungenen Produkten des sultanischen Verschönerungsrausches ... kein einziger Spritzguss-Oryx weit und breit. Stattdessen eine ganz besondere Note: Der fromme Duft von Weihrauch, von dem die monumentale Eingangshalle stets durchzogen ist.

»Zu teuer!«, schrie Wolpers vorsorglich, als der Hotelpalast in der Ferne auftauchte und er meine leuchtenden Augen sah. Ich gab ihm ausnahmsweise recht. Für einen Arbeitsaufenthalt, bei dem man um sechs Uhr das Frühstück verschlingt und erst in der Dunkelheit zurückkommt, wäre das in der Tat eine Verschwendung. Da muss man privat hinein – und teuer zahlen, damit man auch weiß, was man genießt.

Ich habe dann zwei Jahre später mit meiner Frau im Al Bustan Silvester verbracht. Privat und teuer.

Beim Visumantrag war mir ein bisschen mulmig, weil ich im »Arabien«-Film so frech über den Verschönerungs-Tick des Sultans gelästert hatte. Würde man mir das Visum verweigern? Oder würden mich gar die Herren Ashworth und Babu am Flughafen abfangen und als Zwangsarbeiter in eine Spritzgussfabrik einliefern?

Aber in der Bonner Oman-Botschaft war man richtig herzlich; man hatte die »Arabien«-Folge gesehen und sagte sogar nette Worte darüber. Am Flughafen lauerten keine Häscher. Und das Hotel war wirklich traumhaft.

Inzwischen soll es vom Pauschaltourismus entdeckt worden sein und dadurch einiges von seinem Glanz verloren haben, aber damals war es makellos. Nur als wir in der Silvesternacht die Gläser zum neuen Jahr anstießen, hatte Allah sich eine Strafe ausgedacht: Darin war nämlich kein Champagner, sondern Mineralwasser. Am 31. Dezember hatte hier der Fastenmonat Ramadan begonnen.

Als Ersatz berauschten wir uns an Kahwah. Der hat aber nichts mit dem sinnesbetäubenden Kava von Vanuatu zu tun, sondern ist das arabische Wort für Kaffee.

Wussten Sie übrigens, dass Kamele weinen? Ich wusste es nicht. Mir ist das erst in der Wüste aufgefallen, kurz vor Sonnenuntergang, als ein leichter Wind aufkam. Ich unterhielt mich mit einigen Kamelen, indem ich mich von ihnen beschnuppern ließ – das ist ihre Art der Konversation: Man bläst ihnen leicht auf die Nüstern; wenn sie einen mögen, lassen sie sich das gefallen, wenn nicht, drehen sie sich weg.

Da merkte ich, dass sie weinten. Ich dachte zunächst, das sei wegen Wolpers, bei dessen Erscheinen alle Kreaturen in Tränen ausbrechen, sogar Käfer und Würmer. Sie weinten aber nicht wegen Wolpers, sondern wegen des Wüstensands. Kamele haben nämlich besonders aktive Tränendrüsen, die ständig die Staubkörner wegschwemmen, um den Blick klar zu halten. Je mehr Sand, desto mehr Tränen. Im Sandsturm weinen sie heftiger als meine Frau im Kino, und das will was heißen.

MEXIKO

Menschenopfer

Alle fürchten Inge Meysel. Aufnahmeleiter kriegen nervöse Zustände, Ausstatter reichen Urlaubsanträge ein, und die Leute von der Maske wechseln den Beruf, wenn sie angekündigt ist.

Ich bin ihr bisher dreimal begegnet, und sie war jedesmal ebenso wunderbar wie pflegeleicht. Sie lachte, als der Reißverschluss klemmte, sie war auch nach dem neunten Abbruch geduldig wie Mutter Teresa, und sie verdrehte – zum Unterschied von uns anderen – kein einziges Mal heimlich die Augen über den Arsch von Moderator. Einmal schenkte sie sogar hinterher dem Produktionsfahrer alle Blumen aus ihrer Garderobe einschließlich einer Topfpalme, zum Entsetzen des Produzenten.

Warum also fürchtet man Inge Meysel? Monatelang fragte ich jeden, der es wissen könnte, und von allen kam dieselbe Antwort: Weil sie so fürchterlich ausrastet, wenn ihr was nicht passt. Allerdings hatte das nie jemand selber erlebt, alle kannten nur Geschichten, die andere erzählt, aber auch wieder nur von anderen gehört hatten. Daraus meine Folgerung: Ja, sie rastet aus, zwar nur ganz selten, dafür aber so ungeheuerlich, dass sich daraus Legenden bilden, ähnlich dem im Kern sicherlich wahren, aber nur schwer nachprüfbaren Nibelungenlied. Und das Ergebnis davon: Aus Angst vor der Terror-Legende hofiert man sie wie eine Königin, wirft sich auf den Boden und leckt ihre Wege frei. Kein Produzent würde es wagen, auch nur die Topfkosten von der Gage abzuziehen, wenn sie seine Palmen verschenkt.

Schon früh beschloss ich, so zu werden wie Inge Meysel. Dem standen zwei Hindernisse im Weg. Erstens, ein Anfänger, aus der zweiten Reihe noch dazu, hat nicht das Recht auszurasten, so lautet das Theatergesetz; niemand würde ihn beachten und das ist tödlich, denn ein Ivan, der nicht beachtet wird, kann niemals als »der Schreckliche« in die Geschichte eingehen. Und zweitens: Wenn ich ausraste, wirkt das angeblich wie eine Herausforderung von Rumpelstilzchen an Mike Tyson, aber nicht so bedrohlich. Das hat mir mein alter Lehrer Harald Schmidt gesagt. Ziemlich oft sogar.

Zu erstens: Dank meines rapiden körperlichen Verfalls sowie durch Grautöne, mit denen ich täglich meine Schläfen bepinsle, vertusche ich mit wachsendem Erfolg, dass ich immer noch Anfänger bin. Bleibt, zweitens, das Rumpelstilzchen, und das stimmt, da helfen auch keine Plateauschuhe. Meine Ausbrüche lösen nur VOR meinen Augen Betroffenheit aus. Hinter mir wird schamlos gekichert.

Also habe ich mich auf Psychoterror verlegt. Die böse Stiefmutter statt Rumpelstilzchen.

Psychoterror bedarf Vertrautheit und Nähe und funktioniert am besten im kleinen Team. Denn wenn man beim Terrorisieren den Augenkontakt auch nur mit einer einzigen Person verliert und diese hinter dem Rücken Gesichter schneidet oder eine lange Nase zieht, ist der Bann gebrochen, und der Terror kippt in den gefürchteten Rumpelstilzchen-Effekt um – außer bei Saddam Hussein, aber so weit bin ich noch nicht. Also muss man den Terror sorgfältig dosieren, streckenweise sogar ganz drauf verzichten. Nur so ist es verständlich, dass ich bei Gastauftritten oder kurzen Produktionen als Muster an Pflegeleichtigkeit gelte, ja, geradezu als Vorbild für Disziplin und Professionalität. Das ertrage ich allerdings höchstens eine Woche. Dann brauche ich ein Opfer.

Wichtig ist: Das Opfer muss im wechselseitigen Abhängigkeitsverhältnis stehen, denn sonst könnte es jederzeit »Leck mich am Arsch« sagen und abhauen. Gleichzeitig darf es auf gar keinen Fall unterlegen sein, das wäre unsportlich und klein. Oder, wie die Sprachschöpfer unserer Tage sagen würden: Psychoterror gegen Regieassistenten und Kabelhilfen ist mega-out.

In meiner Journalistenzeit hatte ich mir als Opfer immer den Verleger gegriffen, zuletzt, bei der Zeitschrift MAD, Klaus Recht. Der war selber ein Meister dieses Fachs, wurde aber durch sein bayrisches Raufbold-Gen daran gehindert, so subtil und raffiniert wie ich zu sein. Mein größter Terror-Erfolg über ihn war es, als er einen Steinway-Flügel kaufte und ständig darauf elend klimperte. Systematisch verdarb ich ihm die Freude daran, indem ich ihm bei jeder Gelegenheit zeigte, um wie viel besser ich Klavier spielen kann. Das machte ihn schwer depressiv, aber ich tröstete ihn heuchlerisch und redete ihm ein, er solle den Flügel gegen eine Synthi-Orgel eintauschen, denn mit Hilfe der Elektronik könne er seine mangelnde Fingerfertigkeit gewiss prima ausgleichen. Das tat er – worauf ich ihm bewies, dass ich auch bei der Orgel turmhoch überlegen war. Darüber geriet er so in Frust, dass er die prächtige Orgel, die ihn gut 25 000 Mark gekostet hatte, per Spedition vor meine Haustür stellen ließ. Ich habe und liebe sie heute noch. Die Zeitschrift hingegen ist nach meinem Ausscheiden natürlich eingegangen.

Heute wäre das ideale Opfer für meinen Seelenterror ein Medienboss, aber an diese Typen kommt man nicht so leicht ran. Vor vielen Jahren, als Radio Luxemburg noch Radio war, ohne T zwischen dem R und dem L, hatte ich es mal bei Helmut Thoma versucht, scheiterte aber, da er als Mit-Österreicher ebenfalls mit dem Terror-Gen ausgestattet ist. Er durchschaute sofort meine Pläne und blockte jede Annäherung ab. Heute gehört Dr. Thoma zu den Spitzenkönnern auf diesem Gebiet; zusammen mit dem libyischen Präsidenten Ghaddafi zählt er zu den aussichtsreichsten Kandidaten für den nächsten Psychoterror-Nobelpreis.

Bei WDR-Intendant Fritz Pleitgen habe ich es zunächst mit als Programmvorschläge getarnten Drohbriefen versucht, die er aber routiniert durch Gegendrohungen entschärfte. Später dachte ich, ihn fest in der Hand zu haben, als es mir trickreich gelang, ihn zu einer Ordensverleihung an Dolly Buster zu überreden. Leider hatte der Orden nur eine Fläche von einem halben Quadratmeter und war damit viel zu klein: Spurlos verschwand er im tiefen Tal der Superbrüste und ging damit als Beweismittel verloren, um Pleitgen zu erpressen. Immerhin schaffte ich es, zwei Jahre später in der Millenniumsnacht unter dem Vorwand einer Fernsehsendung vorübergehend sein Büro zu besetzen. Als ich es um sechs Uhr morgens wieder räumte, hatte ich dort etwas versteckt, mit dem ich ihn eines Tages unter Druck setzen werde ... mehr sage ich zu diesem Zeitpunkt noch nicht dazu. Mal sehen, ob er es bis zum zweiten Teil dieses Buches gefunden hat.

Bliebe noch Fred Kogel, aber da wäre jeder Versuch sinnlos. Denn der ist seit Jahren vertraglich an den Exklusivterror von Harald Schmidt gebunden.

Also blieb mir nur mein Produzent Wolpers. Von seinem Vornamen Godehard darf man sich nicht täuschen lassen: Er ist weder ein von Hermann, dem Cherusker, im Teutoburger Wald ausgesetzter Recke noch ein frommer Einsiedler, der in seiner Katakombe das Nasenbein Petri bewacht. Eher ist er der Tod in Dürers Holzschnitt der »Apokalyptischen Reiter«. Vor allem, wenn er lacht. Wenn er läuft, sieht er aus wie eine kranke Grille.

Ich habe Wolpers in den Anfangszeiten von »Schmidteinander« kennen gelernt, als er beim WDR ein Volontariat durchlief. Da er alle schlechten und niedrigen Eigenschaften hatte, um später einmal Intendant zu werden, beschloss ich schon frühzeitig, ihn zum Opfer auszubilden – eine Schulung, die im Prinzip ähnlich ist wie in Fort Bragg, wo die Elitetruppen der amerikanischen Marines auf den Dschungelkrieg vorbereitet werden. Bei mir natürlich wesentlich härter.

Da Wolpers bei »Schmidteinander« recht vielseitig arbeitete, hatte er entsprechend viel Verantwortung zu tragen. Mit anderen Worten: Wenn was schief ging, war es allein seine Schuld. Bei jeder Panne fragten wir daher vor laufender Kamera: »Wer ist schuld?« und brüllten dann: »Eins – zwei – drei – WOLPERS!«, als Zeichen für die Regie, ein Band einzuspielen, das zeigte, wie Schmidt und ich Wolpers zu Tode prügeln.

Das Drehen dieser Szene bereitete mir viel Freude, brachte uns aber gleichzeitig den einzigen Zensur-Fall in der »Schmidteinander«-Geschichte ein. In der ersten Version hatten wir nämlich auf Wolpers mit Baseball-Schlägern eingedroschen, doch erhob Axel Beyer, der damalige Unterhaltungschef im WDR, Einspruch: Baseball-Schläger seien die Waffen der Neonazis, das könne man leicht missverstehen und würde uns politischen Ärger einbringen. Also drehten wir die Szene ein zweites Mal; diesmal wurde Wolpers nicht mehr faschistisch geprügelt, sondern grün-liberal, mit Fäusten und Fußtritten.

Als uns das Totschläger-Band mit der Zeit zu langweilen begann, verschärften wir es: Wir erschossen Wolpers mit

Maschinenpistolen oder ließen ihn mit einer Straßenwalze überrollen – mit seinem Vater am Steuer, wie wir behaupteten. Schließlich war es so weit, dass sich Wolpers bei den Sendungen nicht mehr dem Saalpublikum zeigen durfte, weil dann sofort ein paar Zuschauer »Eins – zwei – drei – WOLPERS!« schrien und ihn totschlagen wollten. Bündelweise kamen Briefe von Einzelpersonen und Vereinen, die uns baten, Wolpers zum Verdreschen ausleihen zu dürfen. Gern auch gegen Bezahlung. Mit welch einfachen Mitteln man doch den Menschen Freude machen kann.

Psychoterror ohne Publikum ist Energieverschwendung. Man braucht wenigstens ein Team als Zeuge. Kein allzu großes Team, denn dann stört der Terror die Arbeit, da sich rasch Gruppen und Parteien bilden und jeder meint, er dürfe das auch. Bei größeren Produktionen habe ich Wolpers daher immer nur auf dezente Art gequält. Indem ich ihm zum Beispiel das Wetter vorwerfe (»Wieso haben wir das nicht GESTERN gedreht? Da war es trocken!«) oder den Geiz des Senders (»Wieso haben WIR keinen Kran/Rolls Royce/Hubschrauber/Flugzeugträger? Wo doch ALLE ANDEREN so was haben!?«) oder meinen privaten Zustand (»Wieso bin ICH heute so schlecht gelaunt?«). Und das Erstaunliche dabei: Wolpers fühlt sich jedesmal schuldig.

Nirgendwo gab es aber so ideale Voraussetzungen für den hemmungslosen, totalen Terror wie bei unseren Reisesendungen. Denn da waren wir genau in der richtigen Besetzung: ein Terrorist, ein Opfer, dazu Stephan und Erik als Zuschauer, Zeugen und Richter. Manchmal auch als eine Art Blauhelme: Im Wesen machtlos und als Geisel missbrauchbar, aber trotzdem allein durch ihre Anwesenheit imstande, das Schlimmste zu verhindern: einen langweiligen Frieden.

Natürlich darf man seelischen Terror niemals als solchen wahrnehmen, sonst verkommt er zur billigen Hysterie. Deshalb muss er beim Opfer immer auf ein echtes Stück Schuld treffen – und diese ins Maßlose steigern.

Nehmen wir das Beispiel »Tee«. Ich bin Teetrinker und habe Entzugserscheinungen, wenn ich einen Tag lang keinen kriege. In diesem Sinne war meine Dauerfrage »Wieso haben wir keinen Tee?« durchaus berechtigt, wenngleich in den Gletschern von Alaska oder im Ruder-Einbaum nachts, zwischen zwei Südsee-Inseln, nicht unbedingt logisch. Sie hatte aber zur Folge, dass seither in dem Dutzend Ausrüstungskisten unseres Teams immer eine Thermosflasche und ein Komplett-Sortiment Teebeutel enthalten ist. Ein gewöhnlicher Terrorist wäre damit zufrieden. Doch mein Psychoterror begann jetzt erst richtig. Denn ab sofort gab es zwar keine Dauerfrage mehr: »Wieso haben wir keinen Tee?«, dafür aber eine neue mit tausend Varianten: »Wieso ist der Tee so heiß/kalt/lauwarm?« Oder die aktuellste, im chlorreichen Amerika: »Wieso haben wir kein vernünftiges Teewasser mit?«

Als Produzent ist Wolpers für alles verantwortlich. Natürlich auch für das Hotelzimmer, und dort wiederum dafür, dass meine Minibar gefüllt und zugänglich ist. Gefüllte, aber verschlossene Minibars – so stelle ich mir die Hölle vor. Und so kam es, dass ich im mexikanischen La Paz (an der Baja California gelegen und nicht zu verwechseln mit der gleichnamigen Hauptstadt von Bolivien) meinen Koffer nahm und – natürlich vor den Augen von Wolpers – wütend das Hotel verließ, weil bereits fünfzehn Minuten seit unserer Ankunft vergangen waren, ohne dass ich ans Mineralwasser der versperrten Minibar rankommen konnte.

Wolpers lief mir nach, besorgt um Produktion und Drehtag, und ergriff sogar meinen Koffer, um ihn in ein anderes, besseres Hotel zu schleppen. Ich war schon fast dabei, mich ein bisschen zu schämen und den Rückweg anzutreten, aber dann dachte ich daran, wie stolz Inge Meysel jetzt auf mich sein würde. Also zog ich die Schmierenszene bis zum Letzten durch. Und in der Tat: Es gab nie wieder Probleme mit einer Minibar. Ich vermute, dass Wolpers seither heimlich eine weitere Ausrüstungskiste mitnimmt. Gefüllt mit einer gefüllten Minibar.

Die Grundregel lautet: Psychoterror gedeiht besonders prächtig am schuldhaften Verhalten anderer, wie klein es auch immer sein mag. Was aber, wenn Terrorlust in einem nagt, aber rundherum nur Unschuld wuchert? Dann tritt Plan B in Kraft: Man zwingt den anderen, ein Unrecht zu bekennen, das er gar nicht begangen hat.

Auch das geschah in Mexiko, im magisch verträumten Oaxaca, wo mir eine Wunderheilerin vor der Kamera die Dämonen austreiben sollte: eine *limpia*, »Säuberung«.

Wolpers und ich berieten uns auf der Straße vor dem Haus der Heilerin, während in mir die Dämonen unruhig wurden, weil sie natürlich unbedingt in einem so tollen Körper bleiben wollten. Ich hatte mir eine bestimmte Strategie überlegt, wie ich die Sache angehen wollte, Wolpers, in aller Unschuld, schlug eine andere vor . . . und das verunsicherte mich. Und da ich unglaublich leicht zu verunsichern bin, konnte ich mich nur durch Psychoterror retten: Wie er es wagen könne, mir dreinzureden, jetzt sei mein Selbstvertrauen futsch und damit der ganze Dreh verdorben, unter solchen Bedingungen könne ich nicht arbeiten, und so weiter, mit Schaum vor dem Mund.

So kam es, dass ich Wolpers vom Drehort aussperrte. Er, mein Produzent und Regisseur, der später im Schnittstudio die totale Macht über meine Sendung haben würde, musste draußen spazieren gehen, während drinnen die Heilerin mit meinem Dämon rang, mich dabei bespuckte und mit Eiern bewarf. Es war, als müsste Peymann vor dem Theater warten, bis die Proben fertig sind, oder Kirch im Korridor, während der Verhandlung mit der Bank. Ob ich mich das bei denen ebenfalls trauen würde? Ich nehme fast an, dass die beiden das ahnen – denn sie haben mir bisher noch nie einen Job angeboten.

Es könnte sein, dass in Ihren Augen jetzt Tränen des Mitleids für Wolpers stehen. Überflüssig, ich schwöre es Ihnen. Er macht das nicht nur freiwillig, er braucht es. Die Wissenschaft der Viktimologie gibt mir recht: Nicht nur der Täter braucht ein Opfer, sondern auch umgekehrt. Mehr noch: Ein Opfer ohne Täter ist ein Nichts. Wenn Sie also Mitleid mit Wolpers haben, wollen Sie ihn dann zum Nichts machen? Und wollen Sie MIR so was antun? Soll ich mit einem Nichts arbeiten?

Außerdem ist Wolpers gar nicht so wehrlos, wie es jetzt aussehen mag. Er rächt sich, indem er mich immer wieder vor der Kamera dazu zwingt, stinkende Kinder und eklige Tiere anzufassen, nackt zu tanzen oder – das Schlimmste für mich – in Boote zu steigen. Oder er mogelt bei der Tonmischung Hollywood-Schnulzen, die ich leidenschaftlich hasse, als angeblich nötige Hintergrundmusik dazu.

Wie oft hatte ich mir fest vorgenommen, auf den Psychoterror zu verzichten, denn dieser ist anstrengend, kostet Kraft und Kreativität. Aber Wolpers läßt es nicht zu, das Opfer schreit nach der Qual, bettelt darum. Er stichelt dann ständig, schneidet Grimassen, fordert mich heraus, wettet mit mir, ich würde mich nicht trauen, ihm Tinte über den Kopf zu schütten (er verliert) oder zupft mich im Teambus am Ohr, mit der Bemerkung: »Witzig, witzig, witzig!« Oder er singt stundenlang genau diese Hollywood-Schnulzen, die ich so leidenschaftlich hasse und die er später heimlich in den Soundtrack mischen wird. Und das schlimmste: Wenn ich ihn ermahne, gackert er als Antwort wie ein Huhn.

Da schlage ich schon mal mit dem Lineal zu. Meistens küsst er mir dann reuevoll die Füße, aber manchmal schlägt er sogar zurück, wie damals, in diesem feinen japanischen Restaurant in Honolulu, wo wir uns beide Wasabi, den scharfen, grünen Meerrettich, auf die Finger schmierten und versuchten, sie uns gegenseitig ins Ohr zu stecken. Ausländische Aufnahmeleiterinnen sind dann meist sehr verwirrt, manchmal sogar sexuell erregt, denn sie missdeuten unser Verhalten als seltsame deutsche Perversion. Aber was soll's, wir verstehen ja Ausländer auch oft falsch.

Bemerkenswert ist, dass mein Psychoterror gegenüber Wolpers gerade in Mexiko seinen Höhepunkt erreichte. Weder vorher noch nachher war ich jemals so gnadenlos. Kann es sein, dass mich das Erbe der Azteken dazu verleitete? Der blutgetränkte Boden ihrer Menschenopfer? Bin ich vielleicht die Wiedergeburt eines Hohepriesters, der zuckende Herzen aus den Leibern riss?

Unter diesem Aspekt hat Wolpers echt Glück, dass er in der heutigen Zeit lebt.

Wie Stephan die Passhöhe nahm

Wie wunderbar ist doch die Welt in ihrer bunten Vielfalt von Drehgenehmigungen.

Am Anfang stand die grenzenlose Freiheit Alaskas, wo das Wort »Drehgenehmigung« beinahe eine Beleidigung darstellt, da man in Alaska alles darf, außer natürlich, man berührt private Interessen. Weil aber das Land zur Gänze aus privaten Interessen besteht, berührt man diese ständig und darf deshalb ohne Drehgenehmigung nichts. Dann folgten die Südseeinseln von Vanuatu, wo allein schon jeder Blick einen Tabubruch darstellt, mit der zusätzlichen Schwierigkeit, dass Drehgenehmigungen hier nicht mit Behörden ausgehandelt werden müssen, sondern mit Geistern und Ahnen. Schließlich Oman und die Emirate, mit Sultan und Scheich als alleinige Richtschnur, was wert und würdig ist, gefilmt zu werden. Und nunmehr Mexiko, die Mutter der Drehgenehmigung. Ich bin sicher, hier wurde sie erfunden.

Unsere Aufnahmeleiterin vor Ort war Señora Constanza Viala, eine kleine, rundliche Vierzigerin, die mit einem Deutschen verheiratet war und deshalb – oder trotzdem – ausgezeichnet Deutsch sprach. Sie war für die Drehgenehmigungen zuständig und hatte meistens die falschen, was aber nicht im geringsten ihre Schuld war. Denn in Mexiko besteht zwischen Vorschriften und Behörden ein hartnäckiger Wettstreit, wer von den beiden ein unschuldiges Kamerateam wie wir stärker an der Arbeit behindern könnte.

Zwar ist das Amt für Tourismus ehrlich interessiert, Mexiko für alle Welt sichtbar und zugänglich zu machen, aber allen anderen Behörden ist das egal. Die wollen daran verdienen, sonst nichts, und erheben deshalb Tribut für jede Kirchenfassade, jede historische Stätte und möglichst sogar jeden Trümmerhaufen nach einem Erdbeben. Am besten, der Kameramann trägt Scheuklappen bei einem genehmigten Dreh, denn der kleinste Schwenk zur Seite oder gar ein Blick nach hinten – und schon ist für die neue Perspektive eine neue Behörde samt neuer Drehgenehmigung zuständig. Ein beachtliches Aufgebot an Wächtern in den verschiedensten Uniformen sorgt dafür, dass diese Vorschriften nicht Theorie bleiben.

Noch mehr Vorschriften gibt es für Aufnahmen aus der Luft, aber im Hubschrauber hat man wenigstens eine solide mathematische Chance von 50 Prozent: Entweder, man kriegt einen Piloten, der sich daran hält, oder man kriegt einen, der sich NICHT daran hält. Stephan hatte Glück: Er flog mit einem Nicht-daran-Halter. Einem von der ganz harten Sorte.

Man hatte uns vor der Hauptstadt gewarnt: Ciudad de Mexico – als Purist weigere ich mich strikt, »Mexiko City« zu sagen, weil ich nicht einsehe, warum die Hauptstadt eines spanischsprachigen Landes einen englischen Namen haben soll; dann lieber »Mexiko Stadt« – ist ein Moloch von 15 bis 20 Millionen Menschen, dessen dreieinhalb Millionen Autos und 30 000 Fabriken in Zusammenarbeit mit den Vulkan-Zwillingen Popocatepetl und Iztaccihuatl eine hochgiftige Dunstglocke produzieren; nicht nur würden wir niemals mehr als zehn Meter weit sehen, sondern zusätzlich auch noch ständiges Schädelpochen verspüren, wegen der Hochlage von beinahe 2300 Metern über dem Meeresspiegel ... sofern wir nicht ohnehin schon am ersten Tag an dem Smog elend ersticken würden. Denn angeblich ist er hier so schlimm, dass an strategischen Ecken der Stadt Telefonzellen-ähnliche Sauerstofftanks zur Wiederbelebung bereitstünden.

Wahrscheinlich war es meine geniale Wahl der Drehzeit – sie ist der einzige Punkt, bei dem ich mich in die Reiseplanung einmische (ich benutze dazu eine uralte Tabelle der Lufthansa aus dem Jahre 1977 mit Klimainformationen über sämtliche wichtigen Städte der Welt, und sie hat mich bisher noch nie im Stich gelassen). Aber vielleicht hatten wir einfach nur Glück. Jedenfalls blieb während unserer ganzen Besuchszeit die Luft in Mexiko-Stadt glasklar und die Aspirin-Großpackung ungeöffnet. Und Sauerstoffzellen habe ich keine einzige gesehen.

Auf der Suche nach idealen Schnittbildern im richtigen Licht war Stephan schon bei Sonnenaufgang losgeflogen. Hauptsächlich ging es uns um *El Angelito*, die Engelsstatue zu Ehren der Revolution auf der Prachtstraße *Paseo de la Reforma*, die mitten durch die Hauptstadt führt.

Nun ist es zwar streng verboten, die Innenstadt zu überfliegen, doch vom UNTER-Fliegen steht offenbar nichts in den Vorschriften. Und genau das tat Stephans Pilot. Aus meinem Hotelfenster im zehnten Stock, angelockt vom Höllenlärm der Rotoren, habe ich es selber gesehen: Die linke Tür war ausgebaut, Stephan saß festgezurrt, mit baumelnden Beinen, an der Kante, und mehrmals kreisten sie im steilen Neigewinkel um die Engelssäule, dass der Taubenkot nur so spritzte. Dann flogen sie am Hotel vorbei. Tief unter mir. So etwa in Höhe des dritten Stocks.

Ich hängte das »Nicht stören«-Schild an meine Tür und versteckte mich unter der Decke. Ich war sicher, dass jeden Augenblick jemand kommen und nach der Drehgenehmigung fragen würde. Es kam aber nur der Zimmerkellner, der auf Anweisung von Wolpers jede Stunde kontrollierte, ob die Minibar gefüllt und zugänglich war.

Während ich bisher immer der Meinung war, arabische Autofahrer seien die verwegensten Kerle der Welt, weiß ich jetzt, dass es noch eine Steigerung gibt: die mexikanischen Hubschrauberpiloten. Stephans Flug in den Schluchten der Hauptstadt war nicht der einzige Beweis dafür. Wenige Tage später, im Hochland der Sierra Madre, sollte es noch viel dicker kommen.

Wir waren auf einer der spektakulärsten Eisenbahnstrecken unterwegs, von Los Mochis am kalifornischen Golf 650 Kilometer hinauf ins Hochland von Chihuahua, schon fast an der US-amerikanischen Grenze. Zwölf Stunden dauert die Fahrt quer durch die *Barranca del Cobre*, der »Kupfer-Cañon«, eine der wohl dramatischsten Schluchtenlandschaften der Welt – durch 86 Tunnels, über 37 Brücken und zuletzt eine Passhöhe von 2500 Metern.

In den hinteren Waggons sitzen die Touristen, meist Amerikaner im Rentenalter, vorne die wenigen Einheimischen, die nicht lieber mit dem Bus fahren, mit dem es doppelt so schnell geht und zudem auch noch billiger ist. Direkt hinter der Lok hängt oft noch ein Sonderwagen, in dem schläfrige Polizisten mit Maschinenpistolen quer über den Knien ein paar fest verschnürte Bündel bewachen: Drogenkuriere, die man unterwegs in den verschiedenen Ortschaften zusammengefangen hat, denn diese Strecke ist gleichzeitig eine der aktivsten Rauschgift-Routen der Welt. Es sind aber immer nur armselige kleine Dealer der untersten Kategorie – ihre Bosse sitzen wahrscheinlich mit den Geldkoffern hinten, in der ersten Klasse bei uns Touristen.

Die erste Hälfte der Strecke würde Stephan im Zug filmen, so war es ausgemacht, dann in Divisadero in einen

Hubschrauber umsteigen und unsere weitere Zugfahrt von oben verfolgen. Über der Station Creel, auf der Passhöhe sollte er so niedrig wie möglich hovern, während ich im weißen Humphrey-Bogart-Anzug auf die Lok zu marschierte und fröhlich winkte; dann würde er vorausfliegen und an der nächsten Station wieder zu uns umsteigen.

Creel, die Passstation, wirkt wie die Filmkulisse eines Western aus den Tagen von Pancho Villa: Reitpferde statt Mietautos am Bahnhofsvorplatz, ungeteerte, staubige Straßen, Blockhütten und Holzbuden, mit Segeltuch bespannte Souvenirstände, Garküchen, Marktfrauen und fliegende Händler – ein buntes, friedliches Gewimmel ... friedlich jedenfalls, bis Stephan kam.

Ich hangelte mich gerade den seitlichen, schmalen Steg an der Diesellok entlang, als unser Hubschrauber ganz plötzlich hinter einem Fels hervorschoss, in direktem Angriff auf den Bahnhof. Wie ein Raubvogel stieß er herab und schwebte lauernd über unseren Köpfen, so tief, dass ich Stephans Schuhbändel hätte zuschnüren können, die wieder mal lose von seinem linken Fuß baumelten.

Erst waren es nur kleine, spiralförmige Staubteufel, die die Rotorblätter vom Boden aufwirbelten, aber bald wuchsen sie zu kleinen, dann zu großen Tornados heran, zu einem Sandsturm, der an den Sombreros der Männer zerrte und die Segeltücher auf den Marktständen zum wilden Knattern brachte. Die ersten Waren flogen von den Regalen, schützend warfen sich die Händler über ihr kostbares *papel amate*, die Malereien aus Rindenpapier, Sonnenschirme knickten nach außen, Ponchos und Indio-Decken flatterten haltlos, Pferde scheuten und Kinderwagen machten sich selbstständig und rollten auf Abgründe zu.

Empört reckten die Menschen die Fäuste zum Hubschrauber hoch, wütend brüllten sie Flüche und Verwünschungen, die man aber im Motorenlärm nicht hören konnte, verzweifelt schleuderten sie Orangen und Zwiebeln nach oben, die, von den Rotorblättern in feine Scheiben zerschnitten, auf die Werfer zurückfielen: Don Quijote im Kampf gegen die modernen Windmühlen. Es nutzte nichts. Unerbittlich stand der Sturmvogel in der Luft und wirbelte Chaos und Zerstörung übers Land.

In all dieser Zeit war Stephans Kamera ständig auf mich gerichtet. Ich wusste, dass er auf mein fröhliches Winken wartete – aber wie sollte ich fröhlich winken, wenn rundherum die Welt unterging? Würde der Kapitän der sinkenden Titanic fröhlich winken? Oder Napoleon in Waterloo? Außerdem hätte dies die Gefahr erhöht, dass die Leute den Zusammenhang herausfänden: dass Kamera und Hubschrauber zu mir gehörten, dass letzten Endes ICH der Hauptschuldige an der Zerstörung von Creel war. Da man des Hubschraubers nicht habhaft werden konnte, würde sich der Zorn des Volkes allein auf mich richten.

Also begann auch ich die Fäuste zu schwingen und ebenso hasserfüllt wie die andern nach oben zu drohen, damit nur ja keine Komplizenschaft vermutet werden konnte. Erstaunlicherweise sieht mein Drohen in unserem Film wie freundliches Winken aus, und mein Wutschnauben wie helle Freude. Wie nahe doch Lust und Verzweiflung beinander liegen. Bei mir wenigstens.

Señora Constanza, unsere Aufnahmeleiterin, hätte dennoch beinahe alles verdorben. Zu meinem Entsetzen sah ich, wie sie über den Bahnsteig rannte, direkt auf mich zu, die Drehgenehmigung in der Hand. War ihr klar, dass sie uns bei diesem Versuch, die Lage zu klären, einem Lynchmob aussetzen würde?

Zum Glück drehte gerade in diesem Augenblick der Hubschrauber ab und riss ihr mit letztem Rotorschwall das Papier aus der Hand. Kurz darauf verließ unser Zug die Station. Aus zunehmender Entfernung konnten wir die gewaltige Staubwolke sehen, die über der zerstörten Passhöhe lag.

Ich schwöre Ihnen: Mit Stephan im Kamera-Hubschrauber hätten die Amis den Vietnamkrieg gewonnen.

Übrigens gab es noch einen weiteren, viel schlimmeren Hubschrauber-Wahnsinn. Aber den spare ich mir für den Schluss auf. Als Höhepunkt.

Müll & More

Feuerstein: »Eine pessimistische Lebensgrundhaltung, wie sie mir nun mal zu eigen ist, verleitet ständig zu Geschmacklosigkeit und birgt die Gefahr, andere ungewollt zu kränken.« Ein so bedeutender Satz möchte erklärt werden.

Im Umfeld von Depression und Selbstzweifel braucht man den so genannten Humor nicht als Spaßfaktor, sondern als Droge zur Lebensbewältigung: Lächerlichkeit und Übertreibung als Hilfsmittel, um den vermeintlichen Leidensdruck zurechtzurücken. Im besten Fall erkennt man dadurch, wie peinlich die eigene Wehleidigkeit ist, im schlechtesten muss man, um sich selber zu ertragen, die Dosis von Lächerlichkeit und Übertreibung noch weiter steigern, bis man bei Witzen über Darmkrebs und Flugzeugkatastrophen angelangt ist.

So weit bin ich noch nicht. Jedenfalls nicht oft. Aber immer wieder passiert es mir, dass ich im Rausch der eigenen Lächerlichkeit ohne böse Absicht andere einbeziehe und damit fürchterlich beleidige oder demütige. Bei Leuten, die sich wehren können, ist das nicht tragisch. Aber in den Reisefilmen zum Beispiel, die ja nicht nur informativ, sondern auch unterhaltend sein sollen, mit möglichst viel Lachern, wird schnell ein böses Eigentor daraus, wenn eine Szene aussieht, als würde ich meine Witzchen auf Kosten armer, einfacher Menschen machen, die nicht mal das Porto haben, um sich beim Intendanten zu beschweren.

In Afrika und Asien ist das kaum ein Problem: Hier sind die Unterschiede sichtbar genug, um als ständige Mahnung zu dienen, nicht in Kulturrassismus und westliche Arroganz zu verfallen. Der Blick auf die Hautfarbe genügt, um sich zu erinnern, dass ich dort die Minorität bin, und nicht die anderen. Dass ich kleiner bin als die meisten Schwarzen und gleich groß wie drei Milliarden Asiaten, ist ebenfalls hilfreich: Die Gefahr, auf andere herabzuschauen, entsteht gar nicht erst. Und es ist dadurch auch viel leichter, die Lacher auf mich zu beziehen.

Anders in Mexiko, dieser exotischen Verlängerung Spaniens. Einerseits fühlt man sich dort weiterhin im vertrauten westlichen Abendland, vor allem im touristischen Teil Mexikos, der noch grässlicher ist als die Costa Brava, so dass bei mir schnell die Hemmschwellen fallen und ich ebenso unbefangen darüber herziehen möchte wie über Bayreuth oder dessen rheinische Version, den Kölner Karneval. Andererseits ist Mexiko aber doch ein Drittland, arm noch dazu, so dass man sich behutsam und respektvoll zu nähern hat. Da lauert so manche Falle, die man aber meistens erst hinterher merkt, oder schlimmer noch: zu Hause am Schneidetisch.

Lassen Sie sich nicht täuschen: Was aussieht wie ein riesiges Geweih auf meinem Kopf, ist in Wirklichkeit ein Kandelaberkaktus, der hinter mir steht.

Die Landschaft der *Barranco del Cobre* ist von dramatischer Schönheit. Leider kann ich sie nicht sehen, weil ich mich gerade umdrehen muss, damit dieses Foto gemacht werden kann.

Die Torero-Hose ist viel zu eng. Ich kann nicht atmen.

Schon seit zehn Minuten halte ich den Atem an.

Jetzt sind die Knöpfe abgesprungen. Ich kann wieder atmen und rufe den Stier.

Leguane gelten als Leckerbissen. Hier bieten sechs Kinder die Tiere zum Kauf an. – Halt, ich habe mich verzählt: Es sind nur fünf Kinder.

Da es für Leguane keine Sitzgurte gibt, müssen sie im Auto mit der Hand festgehalten werden.

Der Ritt auf dem Esel: Es ist toll, auf etwas zu sitzen, von wo man mit den Beinen den Boden berühren kann. Es passiert mir selten.

Señor Discareño, der Matador, macht mich mit einer jungen Stierkämpferin bekannt. Ich zeige ihr mein Horn und sie freut sich.

Constanza Viala, unsere mexikanische Aufnahmeleiterin, ist stets höflich. Nur ihre Miene verrät, was sie wirklich über uns denkt.

Kneten mit Frau Friesen: Gemeinsam arbeiten wir am täglichen Brot der Mennoniten.

Ob Schaukeln Sünde ist? Vier Fromme im Gespräch.

Ein Impf-Aufruf der Mennonitengemeinde. Das Deutsch ist eigenartig, aber gut verständlich – und auf alle Fälle besser als das von Wolpers.

Sonnenaufgang über den Ruinen von Teotihuacan.

Ganz oben auf der Sonnenpyramide warte ich auf den Hubschrauber.

Eben war der Hubschrauber da, und ich bin
wahrscheinlich tot.

In Mexiko bin ich gleich in mehrere dieser Fallen gestolpert: Geschichten, die wir vor Ort für irrsinnig komisch hielten und lustvoll drehten, die aber dann doch nicht brauchbar waren und im fertigen Film gar nicht mehr vorkommen.

Die arbeitslosen Tagwerker zum Beispiel, gleich am ersten Drehtag. An bestimmten Straßenecken stehen sie aufgereiht und warten, dass ihnen jemand einen Job anbietet. Manchmal fährt ein Auto im Schritttempo vorbei, ein Wink mit dem Zeigefinger von innen, und der Auserwählte springt hinein. Manchmal ist es ein Firmenlaster, dann kommt Unruhe in die Reihe. Denn jetzt geht es um ein Dutzend oder mehr Jobs, vielleicht sogar für mehrere Tage. Musternd schreitet der Auftraggeber das Spalier der Arbeitswilligen ab. Wen er antippt, springt auf die Ladefläche, die anderen haben wieder mal Pech gehabt.

Eigentlich eine recht praktische und bequeme Jobbörse, wie jeder von uns weiß, der mal auf die Schnelle einen Helfer für die neue Tapete im Flur gesucht hat. Denn hier findet man nicht nur Hilfsarbeiter fürs Grobe, sondern gestandene Handwerker jeder Art, die ihr Fachgebiet schon von weitem kenntlich machen: Wie beim Umzug mittelalterlicher Gilden tragen sie das typische Werkzeug ihres Berufs in der Hand: Maler ein paar verschieden große Pinsel, Maurer eine Kelle, Klempner eine Rohrzange und so weiter.

Ich hatte mir unsere Szene so vorgestellt: Die Kamera fährt langsam die Reihe der Jobsucher entlang, erst einer mit Zange, gefolgt vom Elektriker mit dem Prüfkabel, dann ein Typ mit Pinsel und schließlich ich mit dem Mikrofon in der Hand. Später würden wir Untertitel einmontieren: »Pedro S., Klempner; Alfredo G., Elektriker; Sergio X., Maler; Herbert F., Moderator«, und darüber ein Sprecher-Text, der etwa so lauten würde: »Wer in Mexiko einen Handwerker sucht, braucht sich nicht lange mit Telefonaten und Terminproblemen abzuquälen, sondern holt sich den Fachmann direkt von der Straße. Da kann man sofort entscheiden, wer vertrauenswürdig ist – und wer nicht.« Beim Stichwort *»wer nicht«* würde natürlich ICH im Bild sein, mit einem niedlich-verlegenen Grinsen. Und genau so drehten wir das auch.

Eigentlich ganz lustig, behaupte ich immer noch, aber nicht in diesem Zusammenhang. Und schon gar nicht mit diesen traurigen Gesichtern. Auch die Pesos, die wir den Leuten als Statistenlohn gezahlt hatten, änderten die Traurigkeit nicht: Es war die endgültige Traurigkeit der Resignation. Und die fertige Szene wirkte wie ein Hohn auf die Arbeitslosigkeit, vorführbar höchstens beim Humorabend in der Chefetage der Deutschen Bank. Peinlich, peinlich, peinlich, und in den Müll damit.

Oder die Sache mit den *Mecanografos*, Profi-Textern, die an der *Plaza Santo Domingo,* ebenfalls am Straßenrand, auf vorsintflutlichen Schreibmaschinen Behördenformulare für Analphabeten ausfüllen oder Formbriefe für Grammatikschwache verfassen, Bewerbungen, Eingaben und Beschwerden, aber auch wunderbar gestelzte Liebesbriefe für Romantiker, die zwar sehnsuchtsvolle Wünsche haben, aber nicht den richtigen Wortschatz dafür, also Kerle wie Berti Vogts, Dieter Bohlen oder Prinz Charles. In Mexiko wenden sich diese ganz einfach an den nächsten *Mecanografo,* beschreiben ihm das Objekt ihrer Begierde, die Umstände der Bekanntschaft und das Ziel ihrer Wünsche – und der Lohnschreiber wird zum Liebesboten, zum Don Juan der Worte, mit aller Glut und Leidenschaft, die bekanntlich in der spanischen Poesie stecken.

Aber das war ebenfalls eine Falle. Denn was bei unserem Dreh herauskam, war nicht ein Spaß mit der Kraft des Wortes, sondern das scheue Gesicht der Unbildung: Statt lendenstarker, aber wortschwacher Machos nur verlegene, hilflose Menschen mit zerknitterten Formularen und dem gleichen Ausdruck der Resignation wie vorhin die Arbeitslosen. Noch peinlicher, und weg mit der Szene.

Den spanischen Liebesbrief, den ein *Mecanografo* für mich vor der Kamera entworfen und mit seinem Schreibapparat auf zitronengelbes, mit einem aufgedruckten Liebespaar geschmücktes Briefpapier gestanzt hatte, verwendete ich doch – aber nur privat. Ich sandte ihn an meine spätere Frau, die damals noch an der Leipziger Universität studierte, in der Annahme, sie würde dort bestimmt einen Romanisten finden, der ihr den Inhalt übersetzen und damit mein Herz zu Füßen legen würde. Aber entweder war sie zu faul zum Suchen oder man spricht dort immer noch ausschließlich Russisch – jedenfalls hat sie bis heute den Brief nicht gelesen. Und das ist sicher auch gut so, denn wer weiß, was mein Lohnschreiber in meinem Namen zusammengeschrieben hat. Vielleicht lauter wüste Schweinereien? Dann hätte sie mich bestimmt mit völlig überzogener Erwartung geheiratet und wäre heute bitter enttäuscht.

Auch die folgende Szene mit dem Müll endete genau dort. Aber da lag das Problem weniger in der Schwierigkeit mit der ironischen Distanz als in einer richtigen Falle. Einer bösen und gefährlichen.

Mexiko hat etwa gleich viel Einwohner wie Deutschland, ist aber flächenmäßig fast sechsmal so groß, so dass es eigentlich genug Platz gäbe, die Einwohner gerecht übers ganze Land zu verteilen. Aber es zieht sie alle in die Hauptstadt. Zwanzig Millionen dürften es inzwischen sein, ein

Viertel also der gesamten Bevölkerung – stellen Sie sich das mal in UNSERER Hauptstadt vor. In Bonn wäre das vielleicht noch möglich gewesen. Aber niemals in Berlin.

Über 500 Slums zählt man in Mexiko-Stadt, genannt *ciudades perdidas,* »verlorene Städte«. Die verlorensten davon liegen am Rand oder inmitten der öffentlichen Müllhalden, die auch die Lebensbasis liefern: wieder verwertbare Abfälle für die Menschen, fressbare Abfälle für deren Ziegen und Schweine. Das klingt nicht unbedingt wie ein Pflichtthema für einen unterhaltenden Reisefilm, und Wolpers war auch ziemlich dagegen. Aber da eine der großen Deponien ohnehin auf unserem Weg lag, bestand ich darauf: Wie könne man den Moloch Mega-Metropole besser ins Bild setzen als durch seinen Müll, argumentierte ich; ein paar atmosphärische Schnittbilder würden ganz sicher dabei herauskommen, vielleicht sogar eine kleine Geschichte am Rande. Müll reimt sich nicht umsonst auf Idyll.

Den Einwand von Señora Constanza, wir hätten gar keine Drehgenehmigung, tat ich als lächerlich ab: Seit wann ist der Anblick von Abfall genehmigungspflichtig? Ich brauche ja auch keine Drehgenehmigung, wenn ich Wolpers filme, oder?

Je näher wir der Mülldeponie kamen, desto eindringlicher wurde Constanzas Appell, auf diesen Dreh zu verzichten. Aber da die mexikanische Höflichkeit recht gewunden verläuft und Abkürzungen auch in emotionalen Momenten nicht zulässt, hatte ich das nicht ernst genommen und den Sinn ihrer Worte nur so gedeutet, dass sie den Schauplatz für uninteressant und die Geschichte für unergiebig hielt.

Wir waren schon kurz vor dem Ziel, als sie plötzlich, ohne die üblichen Einleitungsphrasen, Klartext sprach: »Señor Feuerstein, Señor Wolpers, Señor Simon, Señor Theissen« – so begann sie in streng protokollarischer Rangfolge jede Mitteilung an uns alle, auch wenn es nur die Frage war, ob wir eine Pinkelpause einlegen wollten –, »was Sie vorhaben, ist lebensgefährlich!«

Sofort wurde mein journalistischer Instinkt hellwach: Wie Clark Kent in Superman verwandelte ich mich vom WDR-Clown zum CNN-Reporter. Da war sie also, die Geschichte, auf die ich mein Leben lang gewartet hatte. Und ich hatte genau die richtige Mannschaft dafür, die sofort die Lage erfasst hatte und instinktiv schon die ersten Vorbereitungen traf, bereit, für eine gute Story das Leben zu opfern: Stephan, gewalterprobt vom Oktoberfest bis zum Elfmeter in der 89. Minute, griff bereits nach der Kamera. Erik schraubte den Mikrofongalgen zusammen, den man notfalls sowohl als Wurf- wie als Stichwaffe verwenden kann, überprüfte die Spitzen des Stativs und massierte seine Friesenkämpfer-Muskeln. Und Wolpers rechnete sich die Ersparnisse in Hotel- und Flugkosten aus, wenn einer von uns stürbe.

Müllabfuhr und Müllverwertung wären total in der Hand von Gangstern, beschwor uns Señora Constanza; das ganze Gelände befände sich unter ihrer Kontrolle, ja, praktisch in ihrem Besitz, Polizisten würden sich nicht mal in die Nähe wagen. Es ginge weit über den Müll hinaus auch um Schutzgeld, Erpressungen, Entführungsverstecke, weshalb kein Fremder hier geduldet würde, ein Kamerateam schon gar nicht. Unser Unterfangen wäre der reine Selbstmord.

Dass gerade die Ärmsten noch zusätzlich von Verbrecherorganisationen beherrscht und ausgebeutet werden, ist keine Erfindung Mexikos, sondern der traurige Normalzustand in weiten Teilen der Welt. Ich hatte schon einmal eine hautnahe Erfahrung damit gehabt, in Rio, als ich mir von einem brasilianischen Freund in unschuldiger Neugier eine *favela* zeigen ließ, ein Slum-Viertel.

Wir waren keine hundert Meter weit gekommen, als wir von mehreren Burschen gestoppt wurden: Was wir hier wollten? »Ich bin gekommen, um zu lernen...«, begann ich meine traditionelle Ansprache an die einheimische Bevölkerung, übersetzt von meinem Begleiter, aber das interessierte sie nicht. Sie wollten von uns zehn Dollar pro Person als Schutzgeld. Weil es hier gefährlich sei. Oder damit es nicht gefährlich WÜRDE.

Da ich, wie mehrere Ehen beweisen, leicht erpressbar bin und mich als ordentlicher Steuerzahler längst an zwangsvollstreckte Gebühren gewöhnt habe, zahlte ich ohne zu murren, und da die meisten Gangster nichts anderes sind als verhinderte Banker, war dadurch sofort alles im Lot: Die wilden Kerle wurden zu geselligen Begleitern, mit denen wir hinterher noch ein Bierchen tranken.

Hier, am Rand von Mexiko-Stadt, waren die Dinge aber doch ein paar Grade härter, obwohl zunächst alles ruhig und friedlich erschien. Von der Süd-Autobahn waren wir in die kurze Zufahrt zur Mülldeponie abgebogen und an verschlossene Metalltore gekommen. Hohe Mauern versperrten jede Einsicht, und ein schläfriger Wächter – es war Samstag Mittag – deutete durch eine Luken an, dass er nichts mit uns zu tun haben wollte.

An der Mauer entlang fuhren wir über einen Feldweg auf eine kleine Anhöhe, die uns Überblick verschaffte: Vor uns lag eine weite, planierte Fläche, durchzogen von Entwässerungsgräben, offenbar ein schon aufgefüllter und entsorgter Teil der Deponie. In weiter Ferne, fast schon am Horizont, war im Dunst oder Rauchnebel die offene Halde zu sehen, mit einzelnen, gebückten Gestalten, viel zu weit weg, um ihr

Tun zu erkennen – mit anderen Worten: das langweiligste Bild aller bisherigen Drehtage. Aber da wir schon mal da waren, packten wir die Geräte aus; vielleicht gab das Teleobjektiv was her.

Wir erschraken, als Señora Constanza plötzlich laut und hemmungslos zu weinen begann. Sie hätte es nicht sagen wollen, schluchzte sie, es täte ihr Leid und sie wolle unsere Arbeit nicht stören – aber sie habe sich überschätzt, es gehe über ihre Kräfte, sie könne nicht mehr, sie müsse hier weg. Und dann erzählte sie uns eine ziemlich schlimme Geschichte.

Entführungen mit Lösegeld-Erpressung sind in Mexiko zum Volkssport geworden. Dabei greifen sich die Gangster längst nicht mehr Millionäre oder Promis, denn die können sich Leibwächter leisten oder für so viel Medienrummel sorgen, dass sogar die korrupte und interesselose Polizei zum Eingreifen gezwungen ist. Stattdessen spezialisieren sie sich auf die Mittelschicht, die Gut- oder Besserverdienenden. Da sich die Entführer über die Vermögensverhältnisse des Opfers vorher genauestens informieren, ist ihre Lösegeldforderung zwar deftig, aber erfüllbar, meist zwischen 10 000 und 100 000 Mark, die die Familie mit Hilfe von Verwandten und Schulden gerade noch zusammenkratzen kann. Da so gut wie immer gezahlt wird, ist das Entführungsopfer meist schon nach ein paar Tagen unversehrt wieder zu Hause; die ohnehin nutzlose Polizei wird gar nicht erst eingeschaltet. Und da es keine Toten gibt, sind diese Fälle auch für Presse und Fernsehen uninteressant. So ist aus den Entführungen ein fast alltäglicher Geschäftszweig geworden, weitgehend unbeachtet von der Öffentlichkeit, aber eine lebenslange Katastrophe für Opfer und Familie.

Ihr eigener Ehemann war so ein Opfer gewesen, erzählte

uns Señora Constanza, keine zwei Jahre sei es her. Sein besonderes Pech war, als Deutscher blond zu sein, denn damit zählt man hier automatisch zur privilegierten, wohlhabenden Klasse. Entsprechend hoch war das Lösegeld gewesen; noch heute müssen die Schulden davon abgezahlt werden.

»Genau hier war es«, schluchzte sie, »in einer dieser Hütten haben sie ihn festgehalten, und da vorne haben sie ihn auf die Straße gestellt, als wir gezahlt hatten. Jetzt werden sie kommen und die Kamera zerschlagen. Sie werden mich erkennen und umbringen. Ich will weg von hier, ich will weg ... «

Sie lief los, zurück in Richtung Autobahn, und wir standen da, erschrocken und ratlos.

Inzwischen schlenderten mehrere Männer auf uns zu. Weiß der Teufel, von wo sie hergekommen waren, jedenfalls näherten sie sich mit finsteren Gesichtern.

Stephan hatte die Kamera auf mich gerichtet, denn er spürte, dass jetzt die Stunde der Wahrheit gekommen war, die Szene, die man als *Breaking News* aus Krisengebieten kennt: Da steht der CNN-Reporter auf dem Hoteldach, Rauchwolken steigen auf, man hört den Donner explodierender Granaten, im Hintergrund ziehen Leuchtspuren ferngelenkter Raketen wie bösartige Meteore über den Nachthimmel. Jetzt galt es, sich der Situation zu stellen, sie zu beschreiben, zu kommentieren, mit ihr fertig zu werden, mit klarer Stimme, beginnend mit einem soliden Soundbite, der losgelöst und für sich allein die Wucht des Geschehens enthält und den man auch für einen Trailer verwenden kann, vielleicht sogar für die Werbung. Das Auge der Welt war auf mich gerichtet.

Ich sagte: »Wir hauen ab.«

Wir schmissen unser Zeug ins Auto und fuhren los. Fast

wären wir an Constanza vorbeigefahren, die schon an der Autobahn angelangt war und heftig winkte.

Vielleicht bin ich doch nicht der ideale CNN-Reporter.

Das Fahrrad auf der Eiger-Nordwand

Das hört sich jetzt alles so an, als wären wir in Mexiko ständig in Fettnäpfchen getreten und hätten nur unbrauchbares Zeug mit nach Hause gebracht. Ganz im Gegenteil: Keine Folge war so reich an guten Geschichten, darunter so manche, die es wert gewesen wären, die volle Programmlänge zu füllen. Die Mariachi-Musiker von der Plaza Garibaldi zum Beispiel.

Jeder Mexiko-Tourist kennt die Szene: Auf dem kleinen, lebhaften Platz mit seinen unzähligen Kneipen wird man schon beim Aussteigen aus dem Auto von den Musikern angesprochen. In ihren schwarzen Silberknopf-Kostümen und den Filzhüten sehen sie aus wie ausgemusterte Stierkämpfer. Für ein paar Pesos präsentieren sie an Ort und Stelle ein Ständchen mit schmetternden Trompeten und verführerischem Gesang. Für ein paar Dollar kriegt man sie für die ganze Nacht, für die Fete im Restaurant oder eine Hausparty.

Constanza hatte eine Gruppe aufgetan, mit der man einen ganzen Spielfilm hätte besetzen können: acht wundersame Gestalten, vom Heiratsschwindler bis zum Nobelpreisträger, mit einem Bandleader, den man origineller nicht erfinden könnte: Er war noch kleiner als ich – was es tatsächlich gibt –, sah aus wie ein Taschendieb und sang mit dem Schmelz aller Drei Tenöre zusammen.

Wir drehten ein paar Szenen auf dem Garibaldi-Platz, so richtig stimmungsvoll, wie es sich für Mexiko gehört, da die Leute auf der Straße alle mitmachten und uns mit Johlen und Pfeifen begleiteten. Da wir die Band für die ganze Nacht geheuert hatten, beschloss ich, das wörtlich zu nehmen: Sie sollten mit ins Hotel kommen, wo wir im Zimmer ein Schlaflied drehen würden, wenn ich schon im Bett lag.

Nun kann man zwar in den meisten Hotels zur Not zwei oder drei Mädchen heimlich ins Zimmer schleusen, schwerlich aber acht Musiker, noch dazu, wenn sie spielen. Also suchten wir eine Absteige, wo alles möglich war, und fanden sie auch: im Puff. Das war zwar nicht ganz einfach, denn das Einzige, was in einem Stundenhotel groß zu sein hat, ist das Bett, nicht der Raum. Die Musiker standen daher dicht an die Wand gepresst, Erik saß mit der Tonangel auf dem Schrank, Wolpers, der das Licht bediente, lag unterm Bett und Stephan schoss aus dem Badezimmer heraus ... und das Erstaunliche: Es klappte.

Es war ausgemacht, dass die Musiker nur spielten, wenn das Licht brannte; sobald ich es ausmachte, musste Stille herrschen. Das funktionierte besser als erwartet: Wenn sie spielten, geriet das ganze Puff ins Wanken, und wenn sie aufhörten, hörte man lustvolles Stöhnen aus den anderen Zimmern. Was kann Musik doch anregend sein.

Constanza berichtete mir hinterher, dass es fast ein Missverständnis gegeben hätte. Als wir nämlich im Stundenhotel einmarschierten, waren die Musiker sicher, wir wollten einen Porno drehen, und verlangten die Verdoppelung der vereinbarten Gage. Sie waren schwer enttäuscht, als ich dann allein im Bett lag.

Ich hätte die acht Mariachi-Gauchos am liebsten mit nach Deutschland genommen, zum täglichen Abendkonzert in meinem Schlafzimmer, so viel schöner und abwechslungsreicher als das idiotische Schäfchenzählen. Die Szenen mit ihnen waren für mich der Höhepunkt dieser Reise, gefolgt vom Besuch bei den Tarahumara, dem Platz Nr. 2 meiner Mexiko-Hitparade.

Die Tarahumara sind ein indianisches Bergvolk in der *Barranco del Cobre*, dieser dramatischen Schluchtenlandschaft, in der Stephans zerstörerischer Helikopterflug stattgefunden hatte, mehr als viermal so groß wie der Grand Cañon. 50 000 bis 100 000 Tarahumaras soll es heute noch geben, aber das ist reine Schätzung, denn sie sind schwer zu zählen, weil sie sich unserer Zivilisation verweigern und ihre Kinder nicht mal dann in die Schule schicken würden, wenn es hier Schulen gäbe. Sie wohnen in kleinsten Familiengruppen hoch in den schwer zugänglichen Felsen, weit verstreut, so dass man bei Besuch seines Nachbarn schon mal 500 Meter runter- und 1000 Meter wieder raufklettern muss.

Das Leben in der Höhenlage von 2000 Metern hat ihr Herz-Lungen-System über die Jahrtausende der verringerten Sauerstoffzufuhr so perfekt angepasst, dass sie, ähnlich den Hochland-Kenianern, zu den ausdauerndsten Langstreckenläufern der Welt gehören. So nennen sie sich auch selber: *Raramuri,* die Läufer, und mit Sicherheit wären sie im Besitz aller Meisterschaftstitel der Welt, gäbe es da nicht ein kleines Problem: Gut 200 geheimnisvolle »Heilpflanzen« gehören zu ihrer Fitness-Tradition, darunter viel Illegales wie Cannabis-Hanf, Opium-Schlafmohn und der halluzinogene Peyote-Kaktus. Das alles genießen sie regelmäßig, heftig und gemeinsam mit viel Alkohol, so dass die Geräte zur Doping-Kontrolle schon klingeln, wenn ein Tarahumara noch unten im Flur steht. Es ist deshalb schon ziemlich lange her, dass einer von ihnen einen offiziellen Titel gewann: Das war 1928, in der Vor-Doping-Zeit, beim Marathon bei der Olympiade in Amsterdam. Angeblich verpasste er jedoch die Siegerehrung, weil er gar nicht gemerkt hatte, dass er schon im Ziel war, und noch ein paar Dutzend Kilometer weiterrannte ...

Die Idee war, dass ich mit so einem Tarahumara um die Wette laufen würde, nach den einheimischen Regeln: Man schubst über eine vereinbarte Strecke mit dem Fuß eine Steinkugel vor sich her und rennt ihr dann nach. Wer gewinnt, kriegt vom Verlierer Stoff und Suff spendiert.

Señora Constanza suchte den Gegner für mich aus: einen freundlichen Alten, der in Erwartung des sicheren Sieges den Preis schon vorweggenommen hatte, bekifft bis über die Ohren, mit meterlanger Alkoholfahne.

Natürlich kam es, wie es kommen musste: Leichtfüßig hüpfte er über Stock und Stein, rannte die Steilpfade hoch und sprang über Abgründe, während ich mit kochendem Hirn und hängender Zunge hinterherkroch. Wolpers strahlte bei diesem Anblick, und weil ich eine so armselige Figur machte und so jämmerlich verlor, gab es hier auch kein Problem mit der Kulturfalle. Die Lacher gingen alle eindeutig auf meine Kosten. Dass der Typ völlig zugedröhnt war, ist erstaunlicherweise im Film gar nicht zu bemerken.

Das wahre Wunder dieser Begegnung war aber für mich nicht seine Laufkunst, seine Ausdauer oder sein Fassungsvermögen für Alkohol, sondern was ganz anderes: Da lehnte nämlich an der Wand seiner Hütte ein Fahrrad. Ein neues, chromglänzendes, richtiges Fahrrad.

In der *Barranca del Cobre* ist ein Fahrrad so nützlich wie ein

Ferrari auf Helgoland. Die Landschaft ist steil und zerklüftet, mit Schwindel erregenden Saumpfaden, zu eng für ein Maultier. Manchmal besteht der Weg nur aus eingehauenen Stufen im Fels, und immer wieder sind gewaltige Höhenunterschiede zu überwinden. Würden Sie auf halber Höhe der Eiger-Nordwand mit dem Fahrrad fahren?

Das Gespräch mit meinem Läufer-Rivalen war sehr schwierig, weil er so gut wie nie antwortete. Trotzdem bat ich Constanza, ihn noch mal ganz eindringlich zu fragen, warum er hier dieses Fahrrad hätte. Aber er sah mich nur tief und lange an, schwang sich dann in seine Hängematte und schlief ein.

Vielleicht sollte man es doch mal auf Helgoland mit einem Ferrari versuchen.

Der Hühner-Matador

Mit Tieren komme ich gut zurecht. Auf die Frage, warum das so sei, antworte ich immer: »Weil ich selber eins bin.« Darauf gibt es meist einen Lacher, aber eigentlich meine ich das ernst. Gleich bei der ersten Annäherung versuche ich nämlich, mich in das Tier hineinzudenken. Ich bemühe mich, seine Erwartungen zu spüren, vielleicht auch seine Ängste, und entsprechend zu reagieren. Aus Erfahrung habe ich gelernt, dass es das Beste ist, gar nichts zu tun und die Initiative dem Tier zu überlassen. Ich setze mich – sofern das nicht gefährlich ist – einfach daneben und warte, was passiert. Irgendwann passiert immer was.

Zum Beispiel mit dem Esel in der Schlussszene. Mit ihm im Bild wollte ich ein paar Abschiedsworte aufsagen und dann in die Landschaft reiten, aber dem Vieh gefiel das überhaupt nicht. Es lief aus dem Bild, schubste mich weg oder zeigte nur seinen Hintern. Also setzte ich mich auf den Boden und kaute an einem Grasbüschel, um ihm anzudeuten, dass wir den gleichen Geschmack haben, als vertrauensbildende Maßnahme. Das funktionierte tatsächlich: Er kam langsam näher und begann zärtlich an meinem Sombrero zu knabbern, dann sahen wir uns eine Weile tief in die Augen, beschnupperten uns – und plötzlich küsste er mich. So richtig voll auf den Mund. Könnte es einen schöneren Abschied geben?

Leider war damit die Liebe schon wieder vorbei. Denn als ich auf ihm in die Weite reiten wollte, wie ausgemacht, weigerte er sich störrisch und ging keinen Meter. Aber vielleicht hatte ich ihn einfach überfordert. Wir hatten uns ja gerade zum ersten Mal geküsst – und dann gleich losreiten? Macht ja bei uns Menschen auch keiner.

Wer den Film gesehen hat und darauf hinweist, dass ich in der Schlussszene doch durch die Kakteenwüste reite, dem muss ich wohl die Wahrheit gestehen: Das bin nicht ich, das ist der Besitzer des Esels. Er hatte meine Klamotten angezogen und mich gedoubelt . . .

Etwas anders ist die Situation bei Tieren, die essbar sind.

Ich bin, darauf habe ich schon mal an anderer Stelle hingewiesen, in meiner Speiseaufnahme weder vegetarisch noch sonstwie weltanschaulich eingeschränkt, sondern bekenne mich als praktizierender Allesfresser, allein schon aus Respekt vor der Evolution im Allgemeinen und fremden Kulturen im Besonderen. Ich verfüge zudem über eine reduzierte Ekelschwelle, esse Dinge auch noch Monate über den Ablauf des aufgedruckten Verfalldatums hinaus, kratze Schimmelschichten vom Käse und führe einen stummen, verbissenen Krieg mit meiner sonst so wunderbaren Frau, die Essbares bereits wegwirft, wenn es nur komisch riecht. Ich aber bin der Meinung, dass das Leben voller Gefahren ist, denen man sich einfach zu stellen hat. Wenn man ihnen ausweicht, reizt man sie nur unnötig, und dann suchen sie einen. Die Gefahren zu ignorieren und dadurch von ihnen übersehen zu werden, ist mit Sicherheit die bessere Taktik. Im schlimmsten Fall wird sich der Körper schon wehren – wozu gibt es Kotzen und Durchfall.

In meinem Prinzip, alles zu essen, was nicht vom Teller flieht, gibt es freilich eine Einschränkung: Ich esse nur anonymes Fleisch. Tiere, die ich persönlich gekannt habe, kriege ich nicht hinunter, auch wenn die Begegnung noch so kurz war. Ich könnte deshalb auch niemals angeln und verschmähe den schönsten Hummer, wenn ich ihn selber im Aquarium des Restaurants auswählen muss. Ich bin in dieser Hinsicht wie die buddhistischen Mönche, die niemals ein Tier töten würden, aber trotzdem Fleisch essen – mit der Begründung: Als es auf den Tisch kam, war es schon tot. Das mag üble Heuchelei sein, aber ich bekenne mich dazu. Nur ein einziges Mal, in meinem Thailand-Film, sollte ich diese Regel durchbrechen: Da esse ich Ragout von Kobra, die man vor meinen Augen geschlachtet hatte. Das war mir vor allem deshalb möglich, weil die Schlange vorher nach mir geschnappt hatte. Ich habe also nur zurückgebissen. Kulinarische Notwehr, gewissermaßen.

Wenn es in den Reisefilmen ein paarmal vorkommt, dass ich ein essbares Tier kaufe und dann freilasse, ist das zu zehn Prozent Rührungskitsch, die unumgängliche Würze der Publikumstauglichkeit, zu dreißig Prozent echte Tierliebe im Sinne des Heiligen Franz von Assisi, und zu sechzig Prozent meine ehrliche, praktische Realität: Wen ich persönlich kenne, den esse ich nicht.

In Vanuatu war es ein Kokosnusskrebs gewesen, den ich beim Chinesen freigekauft hatte. Da aber der Händler beim Filmen der Freilassungsszene zugesehen hat, muss ich davon ausgehen, dass er das Tier hinterher wieder einfing – die Sache dürfte inzwischen gegessen sein. Beim Leguan in Mexiko hatte ich dann schon dazugelernt.

Auf dem Weg von Mexiko-Stadt nach Acapulco, in der Gegend von Taxco, fährt man durch bitterarme Gebiete. Am Straßenrand stehen immer wieder Kinder und halten verschnürte Bündel hoch. Wenn man näher hinsieht, erkennt man: Es sind lebende Leguane, die Rieseneidechsen Amerikas, an den Beinen gefesselt, den Mund zugenäht. Sie können über einen Meter lang werden, manchmal braucht es zwei oder drei Kinder, so ein Tier zu halten.

Aus frisch geschlachteten Leguanen kann man eine köstliche Suppe bereiten, und so geschieht es auch an Ort und Stelle. Man hält an, wählt ein Tier aus, im Nu ist es im Kochtopf, am Straßenrand stehen Tisch und Stühle: das Leguan-Picknick. So war es in unserem Tages-Drehplan vorgesehen.

An sich wäre eine solche Szene kein moralisches Dilemma für mich, denn im Zweifelsfall hat man sich für die Menschen zu entscheiden. Und es sind wirklich sehr arme Menschen, die von diesen Leguanen leben, vom Verkauf ebenso wie vom Verzehr. Dass die Tiere besonders niedlich sind, kann ich als Schonungsgrund nicht gelten lassen. Soll Schönheit das Kriterium fürs Überleben sein? Da müsste ich mich schon aus eigenem Interesse heftig dagegen wehren.

Trotzdem war mir klar, dass ich beim Leguan-Schlachten nicht mitmachen könnte. Der buddhistische Heuchelmönch in mir würde keinen einzigen Löffel dieser Suppe runterkriegen. Also verwandelten wir die Scharfrichterstätte in ein Begnadigungstribunal: Ich kaufte jenen Leguan, der meinem Gefühl nach die Freiheit am nötigsten hatte, und trug ihn ins Auto. Ihn an Ort und Stelle freizulassen, hätte sein Leben nur wenige Minuten verlängert. Zwar sind die Tiere flink wie die Wiesel und können sich blitzschnell in den Sand graben, aber die Kinder sind gescheiter und wissen genau, wie man so ein Tier austricksen kann.

Wir fuhren etwa zehn Kilometer in einen Buschwald. Dort löste ich seine Fesseln und schnitt mit meiner Nagelschere die Fäden durch, mit denen das Maul zugenäht war. Der Leguan zögerte ein paar Sekunden, fauchte mich noch einmal an und lief dann weg. Ein bisschen wie bei einer Scheidung.

Und damit kommen wir zum Thema Stierkampf, den man ja ruhig auch mal von der gastronomischen Seite betrachten kann. Denn letzten Endes ist er nichts anderes als eine rituelle Schlachtung; das Fleisch wird nach alter Sitte den Armen gegeben. Und nach neuer Sitte dem Metzger.

Warum es Leute gibt, die sich so schrecklich über den Stierkampf empören können, ist mir schleierhaft. Da gibt es doch wahrhaft Schlimmeres, das man vorrangig abschaffen müsste: die Viehtransporte, die Legebatterien, die Fließband-Schlachthöfe, die oft so übertriebenen Massenexekutionen beim geringsten Seuchenverdacht. Im Vergleich dazu ist das Leben der Kampfstiere geradezu ein Paradies. Bis zum großen Tag leben sie in üppiger Freiheit, und wenn es dann so weit ist, beenden sie ihr Leben nicht in Angst und Dreck, sondern in Wut und Würde. Wie viele Millionen

Hähnchen würden alles dafür geben, statt durch Köpfautomaten aufrecht in der Arena sterben zu dürfen, umtost von den jubelnden Massen. Ganz abgesehen davon, dass für das gewöhnliche Schlachttier der Tod unausweichlich ist, während der besonders tapfere Kampfstier zum *indultando* werden kann, zum Begnadigten mit lebenslanger Rente aus Frischgras und Weizenschrot.

In Mexiko hat der Stierkampf einen fast noch höheren Stellenwert als in Spanien, und Mexiko-Stadt besitzt die größte Stierkampfarena der Welt mit 60 000 Plätzen. Dort drinnen zu stehen, in der Arena der *Plaza de toros*, noch dazu im originalen Torero-Kostüm, die rotgelbe *capa* schwingend, war schon ein verdammt starkes Gefühl. Auch wenn die 60 000 Plätze leer waren.

Señor Juan Discareño, mein Führer und Torero-Experte für die Stierkampf-Szenen, war ein ehemaliger Matador, kampferfahren aus unzähligen Corridas. Wobei es wichtig ist, den Unterschied zu kennen: Torero darf sich jeder nennen, der im Ring mit dem Stier zu tun hat, aber Matador ist nur der, der ihn tötet. Im *tercio*, dem dritten Teil der Corrida. 16 Minuten hat er dafür Zeit.

Meine erste Frage an Señor Discareño war zwar die banalste und am häufigsten gestellte, aber wohl auch die wichtigste: »Wie bezwingt man die Angst, wenn man in der Arena steht und dieses tonnenschwere Biest auf einen zu rast?« Seine Antwort war verblüffend einfach: »Ich stelle mir vor, es ist zwei Stunden später und ich liege schon zu Hause im Bett.«

Ich habe mir diesen Satz gemerkt. Er bewahrt mich seither nicht nur vor Lampenfieber jeder Art, sondern lindert auch die Angst vor dem Zahnarzt oder die Langeweile bei einem Pflichtbesuch. Und wenn er mal nicht helfen kann, weil die Krise zu heftig ist, stelle ich mir einfach vor, es ist zehn Jahre später und ich bin schon tot.

Die Angst ist aber nicht das einzige Problem für den neuen Torero. Ein weiteres, viel schwierigeres, ist die Hose.

Señor Discareño hatte ein Original-Torerokostüm in meiner Größe mitgebracht. Er erklärte mir ausführlich Name und Zweck jedes Kleidungsstücks, aber weil Señora Constanza im Männerklo der Stierpfleger, wo ich mich umzog, keinen Zutritt hatte, kauderwelschten wir in hispanolischem Englisch, und ich kapierte so gut wie nichts. Das Einzige, was ich mir merkte, ist, dass der Pimmel immer rechts liegen muss. Sein Schutz ist reine Privatsache. Manche legen ein halbiertes Abflussrohr darüber, was auch optisch was hergibt, manche halten das für feig und vertrauen stattdessen auf den Schutzgott der Liebe.

Bei mir stellte sich das Problem ganz anders dar: Ich kam einfach nicht in die Hose hinein. Stierkämpfer haben nämlich zwar enorm breite Schultern, aber dafür keinen Arsch. Nicht mal einen Po. Sondern nicht viel mehr als zwei zusätzliche Wangen hinten am Oberschenkel. Bei mir ist das leider genau umgekehrt.

Der Anblick muss jämmerlich gewesen sein, und ich bin froh, dass ich Stephan verboten hatte, die Szene zu drehen: Zwei Helfer hielten die Hose auf und Señor Discareño hob mich hinein; dann schüttelten sie mich so lange, bis ich reingerutscht war. Aber weil ich einen Po habe, vielleicht sogar einen Arsch, kriegten wir hinterher die Hose auch nicht annähernd zu. Zwar gelang es mit angehaltenem Atem, von den acht Knöpfen die untersten vier zu schließen, doch als ich ausatmete, flogen zwei davon wie Geschosse durch den Raum. Zum Glück trägt man um den Bauch eine Art Kummerbund, eine Schärpe, die sich so zurechtzupfen ließ, dass sie den offenen Hosenstall verdeckte. Damit war ich ein richtiger Torero. Im richtigen Kostüm in einer richtigen Arena.

Im Training ersetzt eine Art Schubkarre mit aufgesetzten Hörnern den Stier. An der Stelle, wo der Todesstich in den Nacken erfolgen soll, wird eine halbe Wassermelone oder Agave aufmontiert. Mit diesem Gerät fährt der Lehrer Angriffe auf den Torero, die dieser mit Drehungen und Wendungen abzuwehren hat – je weniger er sich von seinem Platz bewegt, desto eleganter.

Señor Discareño sagte, meine Bewegungen wären viel zu eckig; meinen Hinweis, dass ich die restlichen zwei Hosenknöpfe schonen wollte, ließ er nicht gelten. Dafür lobte er umso mehr meinen Stich: butterweich durch den Nacken am Wirbel vorbei direkt ins Herz. Mein Stier wäre auf der Stelle tot gewesen. Kein Wunder, denn ich hatte mir beim Zustechen vorgestellt, Wolpers griffe mich an.

Trotzdem glaube ich nicht, dass ich in die Stierkämpfer-Branche wechseln will. Nicht nur wegen der Hose. Sondern weil mir das einfach nicht liegt. Natürlich wäre das Umfeld nicht übel, die Fans, die Klamotten, die Kohle, und ich siege auch gern. Aber nicht immer. Manchmal bin ich einfach zu negativ und will verlieren. Ich brauche das geradezu. Für einen Matador ist das die falsche Einstellung.

Ich könnte mir aber durchaus vorstellen, gegen Hühner anzutreten, gegen stolze, wilde Hähne, die in Würde sterben wollen, nicht am Broiler-Fließband. Und jenseits meiner sonstigen Lebensregeln würde ich meinen im Kampf getöteten Feind sogar essen. Nicht nur aus magischen Gründen, wie auf den Kannibaleninseln von Vanuatu, sondern vor allem, weil mir Brathähnchen schmecken.

Dazu noch eine Fußnote der informativen Art, die mit

der Geschichte an sich nichts zu tun hat. Unter den vielen Hundert-Dollar-Noten, die Wolpers dem Matador für Gespräch, Lehrstunde, Kostüm und Führung in der *Plaza de toros* hinblättern musste, befand sich eine falsche. Die hatte er doch tatsächlich zusammen mit allen anderen von seiner Bank in Deutschland bekommen – Hinweis und Warnung für uns alle, dass man auch bei Profis vor Falschgeld nicht sicher sein kann. Als Señor Discareño die Blüte entdeckte, waren wir schon außer Landes; über Señora Constanza nahm er mit Wolpers Verbindung auf und schickte das Falschgeld zurück. Wolpers wiederum gab es an seine Bank weiter, und da diese – genauso wie ich – weiß, dass Wolpers zwar jederzeit Filme fälschen würde, aber niemals Geld, ersetzte sie anstandslos die falsche Note durch eine echte, die wiederum an den Stierkämpfer weiterging. Und so nahm alles sein gutes Ende.

Aber stellen Sie sich bloß mal vor, was passiert wäre, wenn Wolpers diesen falschen Dollar-Hunni ahnungslos bei der Einreise in Mexiko auf den Bankschalter gelegt hätte. Wir säßen dort heute noch im Knast!

Frau Friesens Töchter

»Woher weiß ich, dass ihr nicht vom Teufel kommt?«, fragte mich der Mann in der Latzhose, als wir im üblichen Gänsemarsch mit Kamera und Tongeräten durch das Dorf trotteten. Eine heikle Frage, schon im Alltag schwer zu beantworten, und noch viel verzwickter, wenn sie von frommen

Menschen kommt, für die das Fernsehen als Werkzeug des Bösen gilt. Ebenso das Radio. Also praktisch der ganze WDR, der ja tatsächlich oft die Hölle ist.

Der Mann in der Latzhose – ich hatte seinen Namen nicht notiert und nenne ihn der Einfachheit halber »Bruder Jakob« – war Lehrer und, obwohl relativ jung, Mitglied im Ältestenrat der Mennoniten von Chihuahua. Sein Misstrauen war groß und seine Abwehrhaltung ließ sich auch durch meine UNO-Ansprache (»Wir sind gekommen, um zu lernen...«) nicht lockern. Aber er war neugierig, und wenn er sich auch strikt weigerte, gefilmt zu werden, tauchte er immer wieder unvermutet auf, schielte um eine Ecke und beobachtete uns. Mir wurde wieder mal klar: Der Fromme braucht den Teufel viel dringender als der Sünder, denn sonst wüsste er ja nicht, dass er fromm ist. Außerdem ist das Ringen mit der Versuchung wesentlich spannender als die Erbauung, fragen Sie jeden beliebigen Heiligen. Ein gescheites Gespräch hätte Bruder Jakob sicher dazu verleitet, einen Blick in die Kamera zu riskieren. Neugier war immer schon Satans beliebtestes Lockmittel. Aber ich bin ja nicht wirklich vom Teufel.

Die Mennoniten sind eine fundamentalistische christliche Glaubensgemeinschaft aus dem 16. Jahrhundert. Ihr Gründer war der friesische Pfarrer Menno Simons, der ein Leben in strikter Bibeltreue seiner Auslegung forderte: kein Eid, kein Militärdienst, keine Verbindung zur weltlichen Obrigkeit, Taufe erst für den Erwachsenen und Entsagung von allen profanen Lüsten wie Rauchen, Trinken und Tanzen – was in der heutigen Konsequenz natürlich auch die Enthaltsamkeit von allen Vergnügungen mit einschließt, vom Kino bis zur Satansbrut Internet. Ganz strenge Gemeinden verbieten sogar Motorfahrzeuge, die weniger strikten erlauben Kleinlaster und Melkmaschinen. Zur Schule gehen heißt, die Bibel auswendig lernen; mit sechs wird man Fibeler, danach Katechist, anschließend Testamentler und zuletzt Bibler. Mit zwölf ist Schluss mit der Schule. Gelernt hat man nichts, aber dafür gab's auch keinen Ärger mit den Noten, denn bei den Frommen zählt nur gutes Betragen. Schlimme Brüder und Schwestern nennt man »unartig«, und als Strafe gibt es kollektives Mobbing bis hin zum Ausstoß aus der Gemeinde.

Die Kleidung ist einheitlich: Latzhose und kariertes Hemd für die Männer, Bluse und langer schwarzer Rock für die Frauen; die verheirateten tragen Kopftücher, die unverheirateten dürfen ihre Haarpracht zeigen, aber nur glattgebürstet, mit strengem Mittelscheitel. Das Bild »American Gothic«, das wir Gebildete aus dem Kunstbuch kennen, ihr anderen aus der »Rocky Horror Picture Show«, zeigt ein klassisches Mennonitenpaar.

Besonders Fromme werden immer besonders gnadenlos verfolgt. Das bekamen die Mennoniten von der Gründung an zu spüren: Erst wurden sie nur innerhalb Europas von einem Land ins andere gejagt, im 17. und 18. Jahrhundert mussten sie zusätzlich nach Russland, Kanada und in die USA fliehen; heute findet man sie außer in Mexiko auch noch in Belize und Bolivien, insgesamt eine halbe Million Gläubige, wie man weltweit schätzt.

Da Mennoniten nur untereinander heiraten, sind ihre Kinder auch heute noch vorwiegend friesisch-blond und blauäugig. Auch die Sprache ist die gleiche geblieben: »Plautdietsch«, ein dreihundert Jahre alter Dialekt friesischen Ursprungs und westpreußischer Prägung. Da die Bibel selbst auf hochdeutsch gelesen wird, sind auch viele »normale« Wörter darin verwoben, so dass die Sprache lebendig ist, recht gut verständlich für uns. Die Aufschriften an den Läden sind voller Fantasie. Mein Lieblingswort war das Schild »Zurechtmacher«, das ich zunächst für die Bezeichnung eines Handwerkerladens hielt, vielleicht auch eines Kosmetiksalons, wenn dieser Berufszweig bei den Frommen nicht verpönt wäre. In Wirklichkeit war es aber das Praxisschild eines Chiropraktikers, der verspannte Sehnen und Knochen einrenkt und damit »zurecht macht«.

Die Gefahr, in eine Überheblichkeitsfalle zu geraten und die guten Menschen vom Mennonitendorf als exotische Zootiere vorzuführen, war natürlich besonders groß. Und ich war mir überhaupt nicht sicher, wie ich damit umgehen könnte. Aber zum Glück gab es Frau Friesen.

Wenn man der Mennonitengemeinde angehört und Friesen heißt, ist der Name eigentlich Verpflichtung. Und tatsächlich tritt man aus der staubigen Dürre Mexikos plötzlich in eine friesische Kate, mit Rasenbeeten und Blumen im Vorgarten, weißen Gardinen an den Fenstern und Spitzendecken auf Tisch und Kommode. Daneben liegt der Obstgarten, dahinter der Stall mit einem Dutzend zufriedener Kühe, und weiter draußen die Äcker, die im staubtrockenen Hochlandklima von Chihuahua unendlich viel Fleiß und Mühe abverlangen.

Als wir kamen, hatte Frau Friesen eine große Schüssel auf dem Schoß und knetete Brotteig, »Zwieback«, wie man hier dazu sagt. Ihre beiden Töchter saßen in der Ecke und häkelten, im Käfig sang ein Vogel. Frau Friesen wollte mir die Hand nicht reichen, weil diese voller Teig war, also fragte ich, ob ich mitkneten dürfe, dann klebten wir vom gleichen Teig, und einem Händedruck stünde nichts mehr im Weg.

Ich durfte. Gemeinsam formten wir das tägliche Brot, und ich sage es ohne Hochmut und Spott: Auf eine ganz merkwürdige Art war ich plötzlich zu Hause. In einem der vielen Leben, das ich hätte führen können.

Frau Friesen war Witwe, schon seit vielen Jahren, und lebte allein mit den beiden Töchtern, beide schon über dreißig und damit ohne Hoffnung auf einen Ehemann aus den Reihen der Gemeindebrüder. »Sind beede viel zu old«, sagte Frau Friesen, und die Töchter zuckten resignierend mit den Schultern, obwohl ich mir einbilde, in den Augen der einen, die metallene Stiftzähne hatte wie der »Beißer« in einem der ersten James-Bond-Filme, einen Funken Hoffnung flackern zu sehen. Sah sie mich dabei an?

Ich schwöre Ihnen, es war kein Funke Zynismus dabei, als ich nachzudenken begann, ernsthaft zu grübeln, ob ich mir nicht für mich selber so ein Leben vorstellen könnte, als Bruder Mennonit. Schon immer hatte ich diesen Hang zur Askese, zur mönchischen Disziplin. Oft habe ich mir ein früheres Leben als Pilgervater ausgemalt, als Wanderprediger oder als sittenstrenger Puritaner, als demütiger Dauerbüßer, allein schon von meinen ewigen Schuldgefühlen her. Wäre es nicht verlockend, die täglichen Zweifel einer selbstbestimmten Welt gegen eine vorgegebene Ordnung einzutauschen, sich in Demut und Gehorsam festen Regeln zu unterwerfen in einem Leben voller Einfachheit, Stille und Geborgenheit?

Die keusche Frömmigkeit von Friesens Töchtern würde mich endgültig vom Stachel der Lust befreien, der mein Leben so oft in unnötige Unruhe versetzte; sie würde mir den Weg ebnen, für immer der Versuchung zu widerstehen und ins Traumland der inneren Vollendung zu gelangen. Ich könnte sie bedenkenlos beide heiraten, und Frau Friesen noch dazu, und würde dadurch nur noch reiner werden.

Ich müsste nur glauben können. Die anderen Eigenschaften hätte ich alle. Wirklich zu blöd.

Mord: Die Ausführung

»Montezumas Rache« heißt der berüchtigte mexikanische Touristen-Durchfall. Ich nehme an, dass es die Rache für den ewig falsch ausgesprochenen Namen ist, denn der letzte Aztekenherrscher aus der Wende zum 16. Jahrhundert hieß nicht Montezuma, sondern Moctezuma, mit einem C als drittem Buchstaben. Da ich aber seinen Namen stets korrekt aussprach, hatte ich in all unseren 14 Drehtagen zu keiner Zeit Durchfall. Auch Stephan und Erik nicht. Und Wolpers sowieso nicht, aber das hat einen ganz anderen Grund: Wer so viel Scheiße macht, kann nicht auch noch Durchfall haben.

Moctezuma mochte zwar furchtbar in seiner Rache und göttergleich in seiner Herrschaft gewesen sein, historisch gesehen war er ein Dummerle. Wie hätte er sonst sein blühendes Großreich, bewacht von 60 000 schwer bewaffneten Kriegern, an 500 spanische Raufbolde und ihren Räuberhauptmann Hernan Cortés verlieren können? Es war wieder einmal nichts als ein Missverständnis: Moctezuma hielt den 34-jährigen Abenteurer für den gefiederten Schlangengott Quetzalcoatl, der schon vor Jahrhunderten seine Rückkehr auf Erden angekündigt hatte, und übergab ihm sein Land gewissermaßen auf dem Tablett.

Ich habe mir immer wieder die Skulpturen, Reliefs und

Keramikbilder des Gottes Quetzalcoatl angesehen, um das Missverständnis zu begreifen: Tierköpfe, Monstergestalten mit Fangzähnen und rollenden Augen, Dämonen mit hechelnder Zunge, Feuer speiende Drachen, vielleicht der eine oder andere Gesichtszug von Wolpers, aber nichts Menschenähnliches in den grausamen Fratzen. Wie konnte bloß diese Verwechslung passieren? Oder war Moctezuma extrem kurzsichtig, und niemand wagte es ihm zu sagen? Weil er ein Gott war? Mir sagt man ja auch nichts, wenn ich vergessen habe, den Reißverschluss der Hose zu schließen.

Zu Moctezumas Tagen war die Sonnenpyramide von Teotihuacan bereits weit über tausend Jahre alt, inmitten eines Ruinenfelds. Die Azteken, die diese Gegend nach mehreren leeren, geschichtslosen Jahrhunderten wiederbesiedelten, hielten sie und die anderen Monumentalbauten dieses »Ortes, an dem Götter geboren werden« – so der Name Teotihuacan wörtlich – für das Werk von Riesen: die Mondpyramide, die Sonnenpyramide, der Tempel des Quetzalcoatl, dazwischen die breite »Straße des Todes«, gesäumt von unzähligen Palästen, Tempeln und Priesterhäusern. Geradezu selbstverständlich, dass wir hier, an diesem monumentalen Wahrzeichen Mexikos, durchaus vergleichbar mit den ägyptischen Pyramiden, den Reisebericht beginnen würden.

Es war, wie fast immer in diesem Hochland unweit der Hauptstadt, ein trockener, heißer Tag, und ich musste alle 365 Stufen der Sonnenpyramide zweimal rauf- und runterlaufen, was für mich nur dadurch erträglich wurden dass Wolpers und die anderen beiden viermal rauf- und runterlaufen mussten. Samt Gerätschaft.

Die Spitze der Sonnenpyramide ist eine kleine Plattform von etwa vier Quadratmetern. Man muss nicht unbedingt schwindelfrei sein, um da oben zu stehen, aber es hilft, denn es gibt kein Geländer, nichts zum Festhalten, und nach allen Seiten führen die Stufen steil nach unten. Der Rundblick ist spektakulär, vor allem in den frühen Morgenstunden, wenn die Luft noch nicht allzu staubig ist. Hier oben würde ich mit meiner goldgerahmten Landkarte stehen, per Hubschrauber würde Stephan vom Vulkan Cerro Gordo her kommen, die Weite der Landschaft erfassen, dann auf mich zufliegen und über mir schweben; ich würde winken und den Begrüßungstext aufsagen, den Anfang wenigstens, denn wegen des Hubschrauberlärms wäre der Ton nicht brauchbar; den eigentlichen Text würde ich schon vorher in einer Naheinstellung abliefern.

In der modernen Kriminologie gibt es das so genannte Täter-Profil, die Auflistung der Randumstände einer Gewalttat: Art des Vorgehens, Tatwerkzeug, Brutalität oder Heimtücke, Methodik des Eindringens und der Flucht, sowie alle sonstigen Gewohnheiten und typischen Merkmale des Täters. Allein aus dieser forensischen Analyse hätte ich stutzig werden müssen, schon damals in Alaska, spätestens aber in Arabien. Denn es war immer dieselbe Vorbereitung: Aussetzen des Opfers in einem Zustand von Hilf- und Wehrlosigkeit. Immer dasselbe Tatwerkzeug: der Hubschrauber. Immer dieselbe Annäherung: die freundliche, als Arbeit getarnte Begegnung. Und immer derselbe Täter: Wolpers, der Serienkiller. Mit mir als Serie. Aber ich war ja wieder so ahnungslos, so vertrauensvoll. Wie damals Gottkönig Moctezuma.

Es war lange vor der Öffnungszeit der archäologischen Parks, und die Sonnenpyramide gehörte ganz allein mir. Der Begrüßungstext war abgedreht, Wolpers war ein Dutzend Stufen nach unten geklettert und versteckte sich auf der vom Kamerabild abgewandten Seite, denn es sollte, dem

Schauplatz angemessen, ein dramatischer Eindruck werden: ich allein in dem gewaltigen Tal der Geschichte, im ersten Strahl der aufgehenden Sonne, auf der Plattform, wo man den Göttern die Menschenopfer darbrachte: Mit Obsidianmessern schnitt man ihnen bei lebendigem Leib das Herz aus der Brust, für Quetzalcoatl, die gefiederte Schlange, für Tlaloc, den Regengott, und für den besonders grausamen Xipe Totec, den Gott des Wachstums, und damit ohnehin mein Todfeind.

Dann hörte ich das Knattern des Hubschraubers.

Ich weiß natürlich, dass es ungehörig ist und auch überhaupt nichts nutzt, Piloten zu sagen, wie sie fliegen sollen. Trotzdem hatte ich den unseren im Vorgespräch mehrfach gebeten, beim Schweben darauf zu achten, dass der Hubschrauber auf keinen Fall in meine Richtung nach unten kippen darf – der Rotorschwall würde sonst die Karte zerfetzen, wie damals in Alaska. Kippen ja, aber immer nur weg von mir, mit dem Luftschwall nach oben.

Dann war der Hubschrauber über mir. Ich winkte, ich lachte und ich freute mich, dass Stephans Schnürsenkel diesmal zugebunden waren – ich hasse schludrige Mitarbeiter. Plötzlich sah ich, wie die Maschine in der Seitenachse zu kippen begann. Bitte nein! Nicht wirklich! Wo soll ich mich denn festhalten?

Ein erbarmungsloser Luftwirbel erfasste mich. Ich warf mich über die Karte, aber sie explodierte buchstäblich unter mir, die Rahmenteile wirbelten durch die Luft. Ich versuchte, meine Finger in den Fugen zwischen den Pyramidensteinen festzukrallen, aber ich fand keinen Halt. Gleich würde ich sechzig Meter tief in den Abgrund geschleudert werden.

Dann zerrannen die Bilder vor meinen Augen. Ich sah alles plötzlich nur noch trüb und verschwommen, denn der mächtige Luftschwall hatte mir die Brille weggerissen. Jetzt konnte ich dem Tod nicht mal mehr ins Auge schauen. Jedenfalls nicht scharf genug, um seine Einzelheiten zu erkennen.

Ein furchtbarer Schrei von Horizont zu Horizont erschütterte das Himmelsgewölbe. »WOOOLPEEERS!« War es Gott, der Gerechte, der bereits Ausschau hielt nach dem Schuldigen, um ihn der ewigen Verdammnis zu überantworten? War es Xipe Totec, der feindliche Wachstumsgott, der sich bei ihm bedankte, dass er nach fünfhundert Jahren endlich wieder ein Menschenopfer erhielt? Oder war es mein eigenes letztes Wort?

Hat Feuerstein überlebt? Ist Feuerstein tot?
Und wurde Wolpers endlich gefasst?
Blättern Sie auch das nächste Mal wieder mit – wenn es heißt:
Feuersteins Reisen, Teil 2
OSTAFRIKA, HAWAII, THAILAND, SCHOTTLAND, NEW YORK
Demnächst in diesem Verlag

Herbert Feuerstein

Herbert Feuerstein ist einzigartig!

»Das Buch ist köstlich. Feuerstein kann schreiben, Feuerstein guckt genau hin. Feuerstein findet das, was er sieht, erbarmungswürdig und dichtet tüchtig dazu. Feuerstein ist Feuerstein, niemand reist wie er, und also ist das Buch über seine Reisen ein einzigartiger Schatz.«
Elke Heidenreich

Feuersteins Reisen
3-453-40149-2

Feuersteins Ersatzbuch
3-453-40125-5

Feuersteins Drittes
3-453-40150-6

3-453-40125-5